U0917771

成人(网络)教育系列规划教材

CHENGREN（WANGLUO）JIAOYU XILIE GUIHUA JIAOCAI

保险精算基础教程

BAOXIAN JINGSUAN JICHU JIAOCHENG

李恒奇　编著

西南财经大学出版社
Southwestern University of Finance & Economics Press

总序

随着全民终身学习型社会的不断建立和完善，业余成人（网络）学历教育学生对教材的质量要求越来越高。为了进一步提高成人（网络）教育的人才培养质量，帮助学生更好地学习，依据西南财经大学成人（网络）教育人才培养目标、成人学习的特点及规律，西南财经大学成人（网络）教育学院和西南财经大学出版社共同规划，依托学校各专业学院的骨干教师资源，致力于开发适合成人（网络）学历教育学生的高质量优秀系列规划教材。

西南财经大学成人（网络）教育学院和西南财经大学出版社按照成人（网络）教育人才培养方案，编写了专科及专升本公共基础课、专业基础课、专业主干课和部分选修课教材，以完善成人（网络）教育教材体系。

由于本系列教材的读者是在职人员，他们具有一定的社会实践经验和理论知识，个性化学习诉求突出，学习针对性强，学习目的明确。因此，本系列教材的编写突出了基础性、职业性、实践性及综合性。教材体系和内容结构具有新颖、实用、简明、易懂等特点；对重点、难点问题的阐述深入浅出、形象直观，对定理和概念的论述简明扼要。

为了编好本套系列规划教材，在学校领导、出版社和其他学院的大力支持下，首先，成立了由学校副校长、博士生导师丁任重教授任主任，成人（网络）教育学院院长唐旭辉研究员和出版社社长、博士生导师冯建教授任副主任，其他部分学院领导参加的编审委员会。在编审委员会的协调、组织下，经过广泛深入的调查研究，制定了我校成人（网络）教育教材建设规划，明确了建设目标，计划用两年时间分期分批建设。其次，为了保证教材的编写质量，在编审委员会的协调下，组织各学院具有丰富成人（网络）教学经验并有教授或副教授职称的教师担任主编，由各书主编组织成立教材编写团队，确定教材编写大纲、实施计划及人员分工等，经编审委员会审核每门教材的编写大纲后再编写。

经过多方的努力，本系列规划教材终于与读者见面了。在此之际，我们对各学院领导的大力支持、各位作者的辛勤劳动以及西南财经大学出版社的鼎力相助表示衷心的感谢！在今后教材的使用过程中，我们将听取各方面的意见，不断修订、完善教材，使之发挥更大的作用。

西南财经大学成人（网络）教育学院

2009 年 6 月

前 言

精算是保险业稳健经营、科学管理的基础手段之一，其作用已渗透了保险公司经营的各个环节。保险从业者以及即将进入保险行业的学生们都有必要对保险精算的思想方法及应用的技术有个初步了解，为此我们要加强精算专业知识的介绍和学习。

保险精算学的内容很丰富，所应用的方法也很先进，打好精算学的基础是前提。作为入门，本书旨在介绍精算学的基本原理和基本方法。本书共分七章，第一章绪论主要介绍了精算科学的发展及适用范围及中国精算师制度的建立；第 2、3 章主要介绍了风险、保险、概率论之间的相互关系，建立精算学的基本思想方法；第 4 章介绍利息度量及确定年金，第 5 章生命函数，都是建立精算方法的先行基础知识；第 6、7 章主要介绍了寿险精算的基础知识。

本书的体系有别于通常的保险精算学教科书及参考书的体系。我们学习研究的问题只限于基础性的问题，并不涉及精算学的深层理论及复杂的精算技术。本书适用于非精算专业的学生。本书中有“＊”号的章节，对于初学者中对精算学有兴趣，数理基础较好的同学是完全看得懂的。

本书根据笔者多年在精算教学、授课当中与学生共同探讨的讲义整理而成。字里行间，欣见多处教学相长的成果，对本书提供了很大支持。尤其对于数学功力自认不太高之非理工科的同学，很可能从本书的学习过程中，检测出自身有颇多的精算细胞。初学者可将本书作为踏板 。

写作这本书，其目的一是为非精算专业的保险、金融、会计等经济类专业的本科生提供学习教材；二是为保险从业的实际工作者提供实用性读物。

我们不指望学生通过上述课程的学习就能成为保险专家，但这至少能为学生进入保险业打下一个良好的基础，提供一条有效的途径。“修行靠个人”，但“师傅领进门”也很重要。

由于笔者才疏学浅，书中错误之处在所难免，恳请同行、专家及读者予以指正。

编者

2012 年元月

目 录

1 绪论

1.1 保险精算

1.1.1 保险精算

保险业不同于其他的企业,保险不是"一手交钱,一手交货",而是投保人预付保费;保险人并不需要立即提供产品和服务,而是在未来的时间里,在保险标的发生保险事故的情况下,才向受益人支付保险金额。换言之,保险人向投保人收取的保费实际上是其对投保人的负债。如何建立储备金,如何管理这一暂时不需支出的资金,使其增值,以应付未来的责任实现,是保险人必须考虑的问题。所有这些都需要一定的数量分析。在保险学中把这种数量分析称为保险精算。

总之:它是一门以现代数学和数理统计学为手段,从数量方面研究保险业经营管理的各个环节的规律和发展,为保险公司进行科学的决策及提高管理水平提供依据和工具的专门学科。所以,保险精算又称精算数学保险数学。

保险精算主要研究:①保险事故的出险规律;②保险事故损失额的分布规律;③保险人承担风险的平均损失及其分布规律;④保险费、费率、责任准备金等保险业务中具体问题计算的精算应用方法及技术。

保险精算知识体系的内容:①寿险精算;②非寿险精算;③人口精算学;④社会保障精算学等。

概括来说,保险精算学是运用数学、统计学和保险学的理论和方法,对保险经营中的计算问题进行定量分析,以保证保险经营的稳定性和安全性的一门学科。它解决的问题包括风险发生概率的测定、保险条款的设计、费率的厘定、准备金的计提、再保险的安排、盈余分配、险种创新、投资等,涉及保险经营的方方面面。保险精算学包括寿险精算和非寿险精算。由于寿险产品和非寿险产品的保险责任、保险期限等都不相同,所以寿险精算和非寿险精算是两个完全不同的领域。

1.1.2 精算学起源于保险

1.1.2.1 精算学的起源

一说:海上保费的借贷。

1347 年 10 月 23 日,迄今为止世界上发现的最古老的保险单在意大利诞生了,这是一张航程保单,承担"冬·克勒拉"号商船从热那亚至马乔卡的保险,这张保单以书面的形式列明了船东与海运商所承担的义务与拥有的权利。37 年后,1384 年冬,世界上第一份具有现代意义的保险契约——比萨保单——诞生了,它标志着海上保险乃至整个现代保险制度终于产生了。

1683 年,一个名叫爱德华·劳埃德的商人在泰晤士河畔的塔街开了一家咖啡馆。颇有经济头脑的劳埃德发现泰晤士河码头附近聚集着大批的货商、高利贷者、海运商人、经纪人、保险商及海员。他想,如果能把这些人吸引到自己的咖啡馆来,那么自己的咖啡馆生意一定会火红起来。然而,用什么办法把这些人吸引来呢?劳埃德发现这些人最感兴趣的是有关海上航运的船舶与货物的信息,于是他把自己咖啡馆的墙壁涂成大海的蔚蓝色,并在店内竖起一面巨大的信息板,发布最新的海上航运消息。劳埃德咖啡馆顿时顾客盈门,到了 1696 年,劳埃德又把信息板改为小报《劳埃德新闻》,这就是当今闻名世界的《劳合动态》的前身,劳埃德咖啡馆从此更是声名远扬。劳埃德逝世 61 年后,在 1774 年,劳埃德咖啡馆的主顾们组成了海上保险团体——劳合社保险人协会,从此劳合社的大名就广播于世了。

但精算的起源不是从海上保险发生的。

二说:火灾保险的赔偿。

海上保险诞生 200 多年之后的 1591 年,德国汉堡市酿造业者依海上保险的原理创办了火灾合作社。1666 年 9 月 2 日,伦敦发生了一场毁灭性大火,四天四夜烧毁了全城 85% 的房屋,20 多万人无家可归。次年,医生尼古拉·巴蓬创立了凤凰火灾保险公司,1676 年,46 家火灾合作社联合成立了汉堡火灾保险局,这就是公营火灾保险的开始。从此,近代私营火灾保险迅速发展起来。

但精算的起源也不是从海上保险发生的。

三说:寿险保费的计算。

(1)互助协会。最有影响力的“冬蒂”方案,这是 1656 年意大利银行家洛伦佐·冬蒂所设计的一套联合养老保险方案。1689 年由路易十四颁布实施。该方案规定:每人认购 300 法郎,发行总数为 1 400 000 的国债,每年由国库付 10% 利息,本金不退还。支付利息的办法:把所有认购者按年龄分为 14 个集体,利息只付给集体中的生存者,生存者可随集体死亡人数的增加而领取逐年增加的利息,集体成员全部死亡,就停止发放利息。这个办法相当于现在的联合生存者终生年金。

(2)18 世纪中叶,英国早期的寿险组织,资格最老的要数 1706 年伦敦特许成立的协和保险社。

(3)1721 年经特许成立的皇家交易保险公司和伦敦保险公司同年开始经营寿险业务。

(4)问题与特点:

①这里发生的费用负担没有经过科学精确的计算,难以达到公平合理。

②寿险仅为火灾、海险的副产品没有独立经营寿险。

③寿险业务所投保的对象限制转移。例如:互助协会会员人数有限,商人、企业合伙人经营的寿险将病人、老年人拒之门外。

④寿险的保险费不与年龄大小,死亡率高低挂钩。

⑤寿险经营缺乏严密的科学基础,表现在有关计算单一,粗糙,考虑因素较少,导致

寿险业不景气。

1.1.2.2　寿险精算的兴起

保险精算学最早起源于寿险业务的保费计算。英国数学家、天文学家埃德蒙·哈雷在1693年利用德国某城市的死亡记录,统计出按不同年龄和性别分类的死亡率和生存率,编制出历史上第一部完整的生命表,这部生命表揭示了死亡率随年龄变化的规律,为寿险精算的诞生奠定了科学基础。1755年,英国数学家詹姆斯·道森在前人成果的基础上提出了编制更为精确的生命表的计算思想,他揭示了保险费与被保险人的年龄和预期寿命的关系,并且首创了"均衡保费法"理论,进而意识到寿险要设立准备金。

(1)导火索。1756年协和保险社以詹姆斯·道森46岁年龄偏大为由,拒绝吸收其为保险社会员,成为保险精算兴起的导火索。

(2)詹姆斯·道森的看法。协和保险社收取保险费与保险对象年龄无关,倘若吸收年长者,无疑会增大自身的风险。

①寿险经营的这种狭隘性表明应如何为永久的保险设立保险费和准备金。

②提出保险费应与死亡率挂钩,保险费随投保人年龄和预期寿命有所差异等新观点新方案。这就是现代寿险精算科学的最初雏形。

(3)寿险精算科学的诞生。

①道森的观点在其有生之年未能得到认可。直到1757年道森死后,保险经营面临的严重窘境,致使他的赞同者采纳他的方案。道森的这些想法都被1762年创立的"伦敦公平人寿保险公司"所采纳。道森的新观点和新思想就是寿险精算学的雏形。

② 1762年创立的伦敦公平人寿保险社,简称"老公平",于1764年开业,它采纳了道森的方案。并依英国政府公布的1728—1750年伦敦死亡统计数据编制了死亡率表。企业依据保险人年龄及保险金额收取保险费,制作了第一张保险费表。"老公平"能够制定长期寿险契约,能够接受和调整范围广泛的各类风险。寿险经营从此打开了局面,同时保险业务开始步入科学的经营之路。现代寿险精算科学正式地从"老公平"的寿险经营中诞生。经过二百多年的发展,寿险精算学已经相当成熟和完备了。

1.2　现代精算科学

1.2.1　精算科学

一般人们认为精算学起源于寿险的保费计算,的确它的发展与寿险有着深厚的渊源关系。许多人把精算学理解为寿险专有的学科,但保险精算并不仅限于寿险精算,发展到现在最重要的一个分支是非寿险精算。进入20世纪,非寿险领域的精算问题日益增多。在第一次世界大战前后,统计学有了极大的发展,它对数据资料统计分析,更具有科学性。在第二次世界大战后,风险理论开始建立,使精算技术和理论突飞猛进发展,非寿险精算理论日趋完善。到了20世纪70年代,"非寿险精算"也有了长足的进步,发展成为一门独立的自成体系的学科。非寿险精算涉及的随机因素多,计算误差大,定量分析难,所以,非寿险精算理论相对而言更复杂。有一位学者曾经做了一个非常恰当的比喻来形容会计学与精算学之间的关系,他说:"会计是记录过去,而精算是记录未来;尽管都是记录,但并不一样,会计必须一板一眼地记录,而精算只是预测和模拟。"简单来说,非寿险精算的目的就是模拟、拟合、估计和分析保险公司所面临的风险,然后选择最恰当的方案,并制定规避风险的最佳方案。

精算科学是为适应寿险业发展的需要而产生和发展起来的,最初应用于人寿保险中对人口死亡率的估计,以后逐步在财产、灾害、责任保险的营运和社会保障事业的建立中发挥重要作用。在保险领域,精算学主要研究人寿、健康、财产、意外伤害、退休等事故的出险规律、损失的分布规律、保费的厘定、保险产品的设计、准备金的提取、盈余的分配、基金的投资等,以保持保险公司经营的财务稳定性。在社会保障事业中,它主要研究退休、医疗、失业、工伤、生育等保障方面成本与债务的分配方案,以及社会保障基金的投资方案等,保持社会保障事业的经济安全性和稳定性。目前,精算学已成为现代保险业、社会保障事业和投资业的科学基础。第二次世界大战以后,其应用范围进一步扩大到社会、人口、经济、军事等各个领域中对风险的评价。可以说,精算学就是对风险的评价和制定经济安全方案的方法体系。

在现代生活中,由于经济生活,风险总是无时不有,无处不在,因而对风险进行处置的风险管理,不仅仅局限于保险领域,在金融、外汇、证券、投资、企业管理等诸多领域同样需要运用风险管理技术来分析风险,识别风险,控制风险,从而实现自己的预定目标。这种对风险进行识别处置的专门技术和方法就成为精算科学。

精算科学它不仅是保险企业对风险和成本进行评估测算的重要方法,也是现代管理科学的重要组成部分,对决策进行定量分析的重要工具。

发展到现在,精算学不仅在保险中应用,随着科学技术的发展,精算科学广泛用于保险、金融、投资、社会保障、证券以及军事等领域的风险分析,成为风险管理的重要组成部分。精算技术已经逐渐地在各个领域中得到广泛的应用,它已形成一门科学—精算科学。

1.2.2 精算科学的概念

1.2.2.1 精算科学的概念

最初,精算科学的概念一般的说法是应用数学、统计学、经济学、金融学、保险学、人口学、养老基金及投资等学科的知识和原理,去解决工作中的实际问题,进而为决策提供科学依据。尤其对金融、投资行业中的风险问题提出数量化意见,使未来价值的可能性数量化。

精算科学概念进一步定义为:当人们认识到精算对社会经济各领域的风险进行评估,是以概率论和数理统计为基础,与经济学金融学及保险学相结合的应用与交叉的学科。它广泛应用于社会经济各个领域中对风险的评价,以及相应经济安全方案的制定。

概括而言:精算是利用数理模型来估计和分析未来的不确定事件风险产生的影响,特别是对于财务的影响。以保险为基础而产生的精算科学也在不断发展,在西方发达国家精算早已形成完整的体系。

精算科学概念现在定义为:精算是依据经济学的基本原理,利用现代数学方法,对各种经济活动未来的财务风险进行分析,估计和管理的一门综合性的应用学科。

精算与保险精算是全集与子集关系,概念与子概念关系。精算外延比保险精算的外延更宽更广。精算方法和精算技术是现代保险、金融、投资科学管理的有效工具。

1.2.2.2 精算与数学

数学家、统计学家,对精算科学起着先驱作用,作出了巨大贡献。

前面我们提到的英国数学家詹姆斯·道森,接受其老师法国数学家亚伯拉罕的影响;亚伯拉罕对死亡及其模型就做过大量研究提出了一个死亡法则;1662 年格兰特发表有关生命表思想的论文;1671 年荷兰数学家算出年金价格;1693 年英国哈雷编制的一张最完整的生命表。

精算与高等数学具有密不可分的关系。它是以概率论和数理统计为基础研究:保险事故的出现规律,保险事故损失额的分布规律,保险人承担风险的平均损失及其分布规律,保险费和责任准备金等保险经营中的具体问题的计算方法的应用数学。从根本上讲:精算学属于一门计算和应用数学的分支学科。

精算学的建立要借鉴于高等数学的思想方法,借助高等数学为工具,微积分、线性代数、概率论的具体方法,运筹学、线性规划等数理统计学。

1.2.2.3 保险精算的一个重要基础就是大数定律

大数定律是指随机事件的频率的稳定性及平均结果的稳定性。即,随机事件在每次独立的观察中出现的偶然性将在大量重复观察中呈现必然性。

保险是将个别风险单位的某些风险转移到保险公司,保险公司利用在大多数情况损失发生的相对稳定性使风险分散,由各投保人公平合理地共同分担总的损失。

对单个投保人来说,损失的发生是不确定的,且在其把风险转移给保险公司后,损失发生的不确定性并没有消失,只是从保险公司的整体方面来看,损失发生的不确定性被消除了。

保险经营的风险在于未来实际发生的损失是否与估计的期望损失值一致。每个投保人应缴的纯保费必与其分担的损失的期望损失值一致。

由大数定律可知,投保人数越多,实际损失与期望损失值越接近,保险经营越稳固。所以,合理的保险经营必须维持最小限度的投保人数,并不断的使投保人数增加。

按照风险大小确定的保费称为纯保费,从整体上看:纯保费收入总额应与保额支出总额相等,以维持保险公司收支平衡。这一"收支平衡原则"是保险公司计算保费的重要依据。

1.3 我国精算师职业制度的发展历程

1.3.1 我国保险精算制度的建立

中国的精算职业起步较晚,早期主要是吸收国外的精算思想、精算方法和精算实践。

“指定精算师”制度起源于英国,我国开始建立寿险精算师职业制度时,没有强调“指定精算师”制度,但我国寿险业通过精算人员的签字责任制度来控制风险的理念,与英国的指定精算师制度在本质上是相同的。

随着中国精算职业考试制度的建立,中国精算职业取得较大的发展,精算实践经验不断的积累,监管机构不断地加强精算方面的监管,出台各类精算实践标准。保监会成立后在人身保险精算制度建设发布了《人寿保险精算规定》《人寿保险预订附加费用率规定》《利差返还型保险精算规定》《意外伤害保险精算规定》《健康保险精算规定》等重要文件,这些精算规定主要是对当时人身保险传统产品的定价、保单最低现金价值、法定责任准备金等计算基础进行统一规范。

1.3.2 我国保险精算制度建立的历程

- 1995 年颁布的《中华人民共和国保险法》第 119 条提出“经金融监督管理部门认可的精算专业人员”及“精算报告制度”,但并不明确定义什么是“精算师”。
- 1999 年 6 月 10 日颁布《关于下发有关精算规定的通知》
- 2000 年颁布的《保险公司管理规定》第七条(三):经营寿险业务的全国性保险公司,至少要有 3 名“经中国保监会认可的精算人员”。
- 2000 年 2 月中国保监会发布的《人身保险产品备案管理暂行办法》中出现了“精算责任人”的概念,其主要责任是对保险公司的产品报备和责任准备金提存的报表负责,在出具的精算声明书上签字。精算责任人的必要条件是“中国精算师”。
- 2002 年 1 月 1 日保监会开始实施《人身保险新型产品信息披露管理暂行办法》。
- 2002 年 4 月,原保监会主席马永伟先生在厦门举行的精算会议上,明确提出了“指定精算师 制度”的概念,提出要首先在寿险公司中推行精算责任人制度。经中国保监会认可的精算责任人必须对保险产品设计在精算方面的合理性和合规性签字负责,对寿险公司的责任准备金报告和新型寿险产品的信息披露材料出具精算声明书。
- 2003 年 3 月 24 日,中国保监会发布的《保险公司最低偿付能力及监管指标管理规定》,新增加了对偿付能力和监管指标报告责任人的要求:“保险公司应于每年 4 月 30 日前将注册会计师审计后的上一会计年度的偿付能力和监管指标报告一式两份送达中国保监会。公司对报告内容的真实性、完整性负责,由法定代表人、精算责任人和财务负责人签字并加盖公章。”
- 2003 年 5 月 19 日,中国保监会正式颁布了《人身保险新型产品精算规定》。
- 2003 年 9 月 26 至 28 日,第四届中国精算年会在成都召开,会上正式披露了《寿险公司精算执业人员管理暂行办法(征求意见稿)》,该文件对我国目前精算人员的资格认定、责任、管理、处罚等都做出规定。包括采用精算责任人和总精算师 相结合的方式来行使指定精算师的责任和权力。这就是我国比较完整意义上的指定精算师制度的雏形。
- 在 2004 年元月召开的全国财产保险公司工作会议上,发布的《关于进一步加强财产保险公司精算工作的通知》上明确通知:从 2004 年 3 月 1 日起,各公司应指定一名精算责任人负责签署本公司精算意见。

这些文件的颁布是我国保险业人身保险产品精算制度建设的重大成就,是寿险经营和寿险监管走向规范化的重要标志,使保险公司新型产品的开发和精算工作有章可循,进一步为偿付能力监管奠定了基础,对保险业的健康发展产生深远的影响。

1.3.3 我国寿险精算报告制度简介

近年来,随着我国社会经济的持续,我国寿险业发展迅速,呈现出产品多元化和销售渠道多样化的特点。比如,银行代理保险等新兴渠道已取得了不小的发展,改变了过去单一的代理人销售的格局。作为保险公司内控风险管理以及保监会宏观管理的核心技术的精算,随寿险的发展进一步体现其职责和价值。

精算报告作为精算报告体系的核心组成部分,是监管部门用来了解各保险公司责任准备金计算及其他精算数据和业务经营状况的主要手段。当前,我国寿险精算报告主要由六部分组成:责任准备金评估报告、业务统计报告、分红保险业务报告、独立账户业务报告、偿付能力报告和精算责任人备忘录。

1.3.4 保险精算职业教育

在精算教育和精算人员队伍方面,我国从1988年正式引入精算的学历教育,引进国外的精算教育和资格考试体系,培养了一批精算人才。从1999年起,中国保监会推出了中国精算师资格考试,更多的年轻学子学习精算。到2003年全国有400多名精算从业人员,普遍经验不足,其中有30%左右的人取得了准精算师或精算师资格,约25%的人员有5年以上的工作经验。到2011年已有中国准精算师近1100名,中国精算师近400名。存在的问题包括:部分精算师职业道德水准不高,行业责任意识淡薄,专业化程度欠缺。尤其与保险业发达国家和地区相比,中国精算师无论从数量上还是质量上都有很大的差距。

习 题

1. 风险的含义包含哪两个基本方面?请举例说明。
2. 简述你对主要的保险风险的认识。
3. 简述你对保险精算概念的认识。
4. 保险精算主要研究哪些问题?
5. 试述保险精算知识体系的主要内容。
6. 试述为什么说精算学起源于保险。
7. 试述现代精算科学的发展及应用领域的变化。
8. 简述现代精算科学的概念。
9. 为什么说保险精算的一个重要基础是大数定律。
10. 简述中国精算师职业制度的状况。

2 保险与概率分析

2.1 风险与保险

2.1.1 风险定义

“风险”这个词我们在日常生活中常常使用它，对它并不陌生。但是，究竟何为风险，它的确切含义是什么，却说法不一，目前还没有一个一致公认的定义。国外大多数保险教科书将风险定义为：

损失的不确定性(包括自然的和人为的)。

对于这种定义并不是所有人均认可。有些人认为，风险是以客观的概率来测定的，而损失的不确定是以主观的相信度来测定的，因此，上述定义不够科学。他们认为对于“风险”一词的解释，比较科学的定义是：

在一定情况下，人们对于有关事物的未来结果的一种客观疑惑。

因为一个人即使知道有关事物各种可能的结局及其客观的概率，但对于终究将发生那一种结局，仍不免有所疑惑，这种疑惑就是“风险”。

在技术经济中风险的定义是指：

由于随机的原因所引起的(项目)总体的实际价值对预期价值之间的差异。

这里所说的“随机的原因”就是不确定因素。不确定因素是指对总体因素或未来情况缺乏足够情报而无法作出正确估计，或没有全面考虑所有因素而造成的预期价值与实际价值之间的差异。

上面的三种定义都各有其道理，之所以有差异，是因为考虑问题的出发点不同。从本质上讲，两者反映的中心问题指的都是一种不确定性或者谙一种波动性。由于保险系统所涉及的都是只有损失可能性的风险，所以本书在保险范围内把风险定义为：

在一定的条件下，实际发生的损失与预期预失之间的相对差异称为风险。

虽然可以从理论上区分风险与不确定性，但因两者都可以使结果不同于预测，从经济研究的观点来看，试图将它们绝对分开是没有多大意义的。在处理风险或不确定性时，那些敏感性强的因素的不确定性将给总体带来更大的风险。

2.1.2 风险理论

涉及保险的精算技术大多是建立在索赔次数的频率和索赔的平均(期望)值的基础上的。然而，几个连续区间所发生的实际索赔金额和这个期望值并不一定相等(总是在它的周围上下波动),它们之间存在一些差异。用概率的术语来说,索赔次数是一个随机变量。事实上,一般意义下的精算技术是建立在保险总量上的一个简化了的模型,在这个模型中随机变量由它们的均值所代替,也就是说波动现象能忽略了。不可否认,它们对于事实的描述过于简单化。为了更接近实际,有必要建立一种把索赔次数,索赔金额以及可能的其他数量均认为是随机变量的更一般模型。这个更一般意义上的模型反映了风险与保险间的密切关系。所谓风险理论就是:对出现在保险业务总量中的各种类型的波动的研究。

风险理论自提出到现在已经有很长一段时间了。早在 1909 年保和曼(Bohlman)就提出了"古典风险理论",这个理论讨论了寿险数学和在个人保单中的随机波动引起的偏差。根据这个理论,各种随机变量的偏差由它的平方和的平方根来计算,然后给出保险业务量稳定性的一个度量,这样计算的偏差对于某些起始时刻是打了折扣的。事实证明,以这种方式构成的理论对于处理实际问题是不太合适的。同时,它对于一些保险业务方面的问题没有办法解决。例如:在不同的时期,一个保险公司可能获益或损失的可能性的极限是什么。再进一步讲,"古典风险理论"没有涉及非寿险业(风险理论对它也有巨大的应用)。因而"古典风险理论"没有受到人们的重视。

在 1909—1919 年菲力普(Filip Lundberg)对风险理论进行了更深入的研究,提出了现在得到普遍应用的"集合风险理论",该理论首次应用概率论的方法来研究保险业务计划。在这个方面,该理论对于寿险业和非寿险业都有其应用。实践证明用"集合风险理论"来描述问题的新途径是成功的。最近几年,"集合风险理论"的基本假设和它的许多分支及其应用也已经反映在风险理论的发展中。计算机技术的飞速发展使得以前因为计算的结构而不能处理的问题,现在成为可能。例如:现在我们可以通过建立数学模型来描述作为一个整体的保险业务,以及其部门之间的相互影响。

现在,风险理论形成了一个令人非常感兴趣的、广泛的研究领域。尽管风险理论的知识比以往的风险理论变深了,但该理论的发展远还没有完善。现代风险理论更有效的解释了保险业务的随机过程特征,而特征是由一年又一年不同的计划和波动形成的。在实际应用方面也给精算师许多具体帮助。现在风险理论不但在保险界应用,而且在金融,投资、管理等许多经济领域被广泛应用。由于实际工作常常需要考虑很多方面,而风险理论是不可能面面俱到的。所以在这些领域中的许多问题风险理论不都能单独提供确切的解决方法。但是,风险理论能够促使经济各领域对重要问题的思考,同时对于重要问题作出最后的决策也是非常有用的。

2.2 风险基本原理的数量分析

风险是以其变异性的大小进行度量的,因此度量风险水平就是风险的数量分析。度量风险水平的两个常用指标是风险的方差和变异系数。方差反映了风险的绝对量,而变异系数反映了风险的相对水平。我们还常用指标偏度系数反映风险的不对称性。

2.2.1 引言

保险公司在经营保险业务时,必须注意下述的五个基本原理:

(1)保险是将风险从被保险人向保险人的转移;

(2)保险人也需要对其所承保的超额风险寻求保险保障;

(3)风险集合包含的个体风险越多,其相对风险越小;

(4)不同的被保险人有不同的风险水平;

(5)在很多情况下,少数巨灾风险所造成的损失将占到总损失金额的较大比重。

下面我们引用"干草堆的故事"对上述五条原理进行直观解释。

很久以前,某村有20户农民。每年夏天,每户农民都要储存一堆干草,准备在冬天喂养自己的牲口。但是每年夏天,都有可能因为雷电的袭击而使某些农民的干草堆着火。到了冬天,这些不幸的农民只能从其邻居那里购买干草喂养自己的牲口。

农户甲一直在心里琢磨,虽然通过向那些失去干草堆的农户出售干草可以赚取一笔钱财,但如果自己的干草堆也遭受了雷电的袭击,那将遭遇与他们同样的命运。于是他与农户乙商量并希望达成一个协议:如果谁家的干草堆遭受了雷电袭击,那么由两家共享另外一家的干草堆。

农户乙认为这是一个好主意,同时他又提出:"如果能有更多的农户参加进来,我们各自分摊的损失不是就更小了吗?"

农户甲和乙立即召集村民们商量,结果大家都很同意这个意见,于是所有村民组成了一个互助会,谁家的干草堆遭受火灾后,他可以免费从其他所有农户获得干草。但是紧接着又出现了一个问题,由于加入互助会的农民太多,因火灾失去干草堆的农民要从每家领取等额的干草十分麻烦。于是农户乙又提出了一个建议,即每户每年向互助会缴纳2元钱的费用,建立一个保险基金,当谁家的干草失火后,就可以从保险基金中领取购买干草的费用,并直接从邻居家购买干草,这样就省事多了。由此可见,保险是将风险从被保险人向保险人的转移。

村民缴纳固定的保险费之后,避免了冬季没有干草喂养牲口的风险但对村里的保险基金而言,每年由于村民遭受火灾而支出保险金的可能性要大于保险基金,因为任何一户村民发生火灾后,都从保险基金中领取保险金。此外,保险基金还可能面临许多家农户同时失火并提出索赔请求的可能。因此,保险人也需要对其所承保的超额风险寻求保险保障。

为了进一步降低保险基金的相对风险水平,农户乙建议,可以吸收其他村庄的农户参加互助会,于是互助会的农户增加到了250户。这说明,风险集合包含的个体风险越多,其相对风险越小。

附近的河下游有一个村庄目前还没有加入互助会。该村靠近河流,土地肥沃,每年每个农户可以储存两个干草堆。但由于当地空气潮湿,干草堆不容易晒干,每年大约有四分之一的干草堆会发热起火。

两年以后,农户甲邀请该村的30户农民参加了互助会,从此互助会的农户增加到了280户。

在第三年,互助会一共损失了28个草堆,仅河下游的那个村庄就损失了16个。但在前两年,互助会损失的干草堆没有超过13个。因此,互助会在当年就陷入了困境。

鉴于这种情况,农户甲建议,把每个农户的保险费提高到每年每个草堆4元。但大多数农户不同意由于河下游那个村庄的损失太大而增加所有农户的保险费。于是农户乙建议,只把河下游那个村庄的保险费提高到每年每个草堆12元,其他农户的保险费仍然是每年每个草堆2元。由此可以看出,不同的被保险人有不同的风险水平,从而应该缴纳不同的保险费。

多年以后,储存干草堆的技术有了很大改进,即使某些干草堆遭受雷电袭击,其损失也是比较小的,很少有干草堆被大火完全烧掉。

多年以来,农户乙 一直在分析保险基金的赔付数据。有一天,他对农户甲说,"你知道吗? 去年夏天失火的那三个干草堆,它们的损失占总赔付额的94%。"农户甲说,"最近几年,一些年轻人总是把他们的干草堆放在一起,这就很有可能由于一次雷电的袭击而使许多干草堆起火。这对我们的保险基金确实是一个威胁。"

这表明,在许多情况下,少数巨灾风险所造成的损失将占到总损失金额的很大比重。

这个"干草堆的故事"把这五个基本原理间风险与保险密不可分的关系完全表现出来了。比如第一个基本原理就是风险转移。风险转移是风险内在规律性之一。第三个基本原理表明虽然个体风险通常有较大的变异性,但是将大量的个体风险集中在一起,风险集合的相对变异性会大大减少。这使得保险有了现实可能性。第4个基本原理反映了风险集合可能是非同质的。在分析风险的非同质性时,就会考虑风险分级与变异性之间的关系。

下面我们就这五个基本原理从风险角度加以数量分析:

2.2.2 风险转移

2.2.2.1 个体风险

令 X 表示个体风险的随机损失,其均值为 $E[X]$,方差为 $D[X]$。在没有保险的情况下,保险人和被保险人所承担的风险情况如表2-1所示。

表2-1 没有保险时个体风险的转移情况

	被保险人承担的部分	保险人承担的部分
随机损失	X	0
期望损失	$E[X]$	0
方差	$D[X]$	0

如果被保险人通过支付固定的保费 $E[X]$ 将随机损失 X 转移给保险人(这里暂且忽略附加保费和利率等因素),则保险人和被保险人所承担的风险情况如表2-2。

表 2-2　　购买保险时个体风险的转移情况

	被保险人承担的部分	保险人承担的部分
随机损失	$E[X]$	$X-E[X]$
期望损失	$E[X]$	0
方差	0	$D[X]$

从表 2-2 可以看出，被保险人的通过支付固定的保费 $E[X]$，将其随机损失 X 的变异性 $D[X]$ 全部转移给了保险人。

2.2.2.2　风险集合

对于由 n 个相互独立的风险所组成的集合，风险的转移也可作同样的数学描述。令 x_i 为第 i 个风险的随机损失，均值和方差分别为 $E[X_i]$ 和 $D[X_i]$，则风险集合的总损失为 $\sum_{i=1}^{n} X_i$，均值为 $E[\sum_{i=1}^{n} X_i]$，方差为 $D[\sum_{i=1}^{n} X_i]$。在没有保险的情况下，保险人和被保险人所承担的风险如表 2-3。

表 2-3　　没有保险时风险的转移情况

	被保险人承担的部分	保险人承担的部分
随机损失	$\sum_{i=1}^{n} X_i$	0
期望损失	$E[\sum_{i=1}^{n} X_i]$	0
方差	$D[\sum_{i=1}^{n} X_i]$	0

如果风险集合中的所有个体风险都购买了全额保险，则保险人和被保险人之间的关系如表 2-4 所示。

表 2-4　　购买保险时风险的转移情况

	被保险人承担的部分	保险人承担的部分
随机损失	$E[\sum_{i=1}^{n} X_i] = \sum_{i=1}^{n} E[X_i]$	$\sum_{i=1}^{n} X_i - \sum_{i=1}^{n} E[X_i]$
期望损失	$E[\sum_{i=1}^{n} X_i] = \sum_{i=1}^{n} E[X_i]$	0
方差	0	$\sum_{i=1}^{n} D[X_i]$

当被保险人只是将其随机损失的一部分转移给保险人时，情况会变得更加复杂。这部分内容留待后面讨论。

2.2.2.3 相对风险

当许多相互独立且具有相同损失特性的个体风险聚合成风险集合时,风险集合的相对变异性要小于个体风险的相对变异性。在前面,我们用随机损失的方差来度量风险的变异性,在这里,我们通过随机损失的变异系数来反映风险的相对变异性。方差反映了风险的绝对量,而变异系数则可以反映风险的相对水平。随机损失 X_i 的变异系数 CV 被定义为标准差 $\sqrt{D[X_i]}$ 与均值 $E[X_i]$ 之比,即

$$CV=\frac{\sqrt{D[X_i]}}{E[X_i]}=\frac{\sigma}{\mu} \tag{2.1}$$

其中 μ 和 σ^2 分别为个体风险 X_i 的均值和方差。

因此,保险的第3条原理也可表述为 $CV[\sum X_i] < CV[X_i]$,其中 $CV[\sum X_i]$ 是 n 个独立风险之和的变异系数,为第 i 个风险的变异系数。

n 个独立同分布随机风险 $X_1,\cdots,X_n$ 之和的均值和方差分别为

$$E[\sum X_i] = \sum E[X_i] = nE[X_i] = n\mu \tag{2.2}$$

和

$$D[\sum X_i] = nD[X_i] = n\sigma^2 \tag{2.3}$$

从而对于 n 个具有相同损失的特性的独立风险所组成的风险集合,其随机损失的变异系数

$$CV[\sum X_i] = \frac{\sqrt{D[\sum X_i]}}{E[\sum X_i]} = \frac{\sqrt{nD[X_i]}}{nE[X_i]} = \frac{CV[X_i]}{\sqrt{n}} \tag{2.4}$$

上式表明,n 个独立同分布随机变量之和的变异系数是单个随机变量的变异系数的 $\sqrt{n}$ 分之一。如果上述 n 个相互独立的随机变量具有不同的分布形式,则可以证明,随机变量之和的变异系数要小于单个变异系数的某种加权平均数。这一结论对相关程度不高的 n 个随机变量也是近似成立的。因此,对于 n 个具有相近分布形式,相关程度较低的随机变量,上式也能提供一个合理的近似结果。

风险集合的相对变异性小于个体风险的相对变异性这一特性正是保险赖以存在和发展的基础。保险将许多具有较高变异性的个体风险聚集在一起形成一个风险集合,只有当这一风险集合的相对变异性小到可以接受的程度时,保险的作用才可能得以发挥。如果一个风险集合的相对变异性受到某些个体风险的左右或者风险集合中的个体风险是高度相关的(譬如战争造成的风险),则风险集合仍然具有很高的相对变异性,此时保险将失去其有效运作的条件。也正是由于这个原因,大多数国家将战争所造成的损失排除在保险责任之外。

2.2.2.4 风险差异

在前文的讨论中,我们假定个体风险的损失分布是已知的。如果风险集合是同质的(即个体风险具有相同的损失分布形式),且这一风险集合足够地大,那么我们总是可以获得描述上述损失分布的参数估计值。但在大多数情况下,风险集合往往是非同质的,

个体风险之间存在较大差异。因此,一个风险集合可以根据个体风险之间的相似程度被分解为若干个风险子集合。即使如此,风险子集合也不可能绝对同质,因为完全相同的两个风险事实上是不可能存在的。每一个风险都有其区别于其他风险的损失特征。而且,我们将会看到,个体风险的损失分布通常难以描述,因为从统计上看,个体风险的损失数据总是不充足的。对于特定的个体风险而言,合理的纯保费应该基于个体风险的期望损失。

如前所述,保险是将风险的变异性从被保险人向保险人的转移。因此保险人最终所关心的是他所承担的风险变异性到底有多大。保险人所承担的风险是一个风险集合。对于风险集合的赔付额分布,其方差是可以估计的。

正如我们将要看到的,个体风险的期望损失及其方差通常是难以估计的,因此只能以风险子集的期望损失作为个体风险保费厘定的基础。虽然风险子集的方差是可以估计的,但由于难以确定个体风险的期望损失之间有多大差异,因此在风险子集的方差中,到底有多少是来自个体风险自身的变异性,又有多少是由于不同个体风险之间的差异所造成的,这一问题也就难以得到圆满回答。风险子集的方差大小可用于评价该风险子集的保费是否合理。方差越小,说明保费越合理,否则,说明保费越不合理。

2.2.2.5 风险分级

以上,我们仅仅分析了个体风险和风险集合。事实上,在个体风险和风险集合之间,还存在着风险子集,即对风险集合按照个体风险的不同特性所进行的一种分解。属于同一风险子集的个体风险有更加接近的损失分布,因此,根据风险子集的损失经验计算的保费能增加投保人在保费支付上的公平性,在一定程度上减少互助性保费的影响。

但是,对风险集合的分解过程要受到大数定律的制约。当风险集合被分解成越来越小的风险子集时,根据风险子集的损失经验估计其期望赔付额,估计结果会越来越不稳定。这就要求我们必须在估计结果的稳定性和保费厘定的公平性之间进行权衡,找到一个平衡点,一方面保证每一个风险子集包含有足够多的个体风险,满足大数定律的应用条件,另一方面还要尽可能地使属于同一风险子集的个体风险具有相同的损失特性。可信性理论对于寻找这一平衡点是很有帮助的。

更加常见的一种情况是,不同的风险子集之间也存在着某些共同的损失特性。对于一个风险集合,一般都能找到若干个风险分级变量,每一个风险分级变量可以有两个或两个以上的取值,不同的取值代表着不同的风险水平。这些风险分级变量按照其取值对风险集合进行交叉分类,即可得到风险子集。此时,尽管每一个风险子集包含的个体风险可能很少,但仍然可以利用每一风险分级变量的边际总和确定出各风险子集的保费。

2.2.3 风险的非对称性

风险集合中的少数巨灾风险可能会完全左右风险集合的损失分布。而方差对这些巨灾风险的解释能力往往是有限的,因此有必要引入偏度系数对风险集合的损失分布进行描述。偏度系数反映了损失分布关于均值不对称的程度,它的大小受到巨灾风险的影响。随机变量 X 的偏度系数被定义为

$$\sqrt{\beta_1} = \mu_3 / \sigma^3 \tag{2.5}$$

其中$\mu_3 = E[X - E(X)]^3$是X的三阶中心距，σ为X的标准差。对于对称分布（譬如正态分布），偏度系数为零；对于右偏分布，偏度系数大于零；对于左偏分布，偏度系数小于零。非寿险中的大多数损失分布属于右偏型的，即有较长较厚的右尾。

n个独立同分布的随机变量之和的偏度系数是单个随机变量的偏度系数的$1/\sqrt{n}$。这里因为n个独立同分布的随机变量之和的三阶中心矩为

$$\begin{aligned}\mu_3(\sum X_i) &= E[\sum X_i - E(\sum X_i)]^3 \\ &= E[\sum (X_i - EX_i)]^3 \\ &= \sum E[X_i - E(X_i)]^3 \qquad (2.6) \\ &= n_i\mu_3 \qquad (2.7)\end{aligned}$$

在$E[\sum (X_i - EX_i)]^3$的展开式中，除三次方项$E[X_i - E(X_i)]^3$以外，其余各项的期望值为零。因此n个独立同分布的随机变量之和的偏度系数为

$$\gamma_n = \frac{n\mu_3}{(\sqrt{D[\sum X_i]})^3} = \frac{n\mu_3}{\sigma^3 n\sqrt{n}} = \frac{\sqrt{\beta_1}}{\sqrt{n}} \tag{2.8}$$

由此可见，n个独立同分布的随机变量之和的偏度系数随着n的变化呈反方向变化，这一结果与变异系数是相类似的。这就说明，风险集合包含的相互独立的个体风险越多，其损失分布的变异性和非对称性就越小，少数巨灾风险对风险集合的影响也就越小，从而对保险公司的经营稳定性就越有利。

2.3 保险与概率

常言道：天有不测风云，人有旦夕祸福。

在我们的日常生活中，常常有难以预料的损失和灾害发生，给经济生活造成不安定。譬如一位正当壮年的人，有可能遇车祸或疾病而不幸身亡，这会给他的家庭在精神上带来沉重打击，在经济上带来重大损失。又如某人的电冰箱有可能因意外事故而发生损失，某家的彩电有可能被盗等。诸如此类的风险都是保险要研究的。保险所承担的风险，就是这些既可能发生，又可能不发生的随机事件。了解这些随机事件的发生与否，发生的可能性的大小，对我们如何预防、避免风险是很重要的。

“一种科学，只有在成功地运用数学时，才算达到了真正完善的地步。”（马克思）概率论是从数量方面研究随机现象规律的一种数学理论。这就使保险学与概率论自然而然地紧密地联系起来了。

保险人如何确定某类保险标的损失概率，进而确定损失期望值，是制定纯费率的先决条件。要确定损失概率，就要运用概率及统计分析，要估计损失的波动，保障经营财务的稳定，就要运用大数法则。可见，保险是建立在一定的数理基础上的。

2.3.1 随机事件

我们观察某一拥有若干辆汽车的车队，通过几年的观察，我们会发现，这个车队，有的年有3辆车发生损失，有的年有5辆车发生损失，有的年只有1年辆车发生损失，有的年没有车发生损失，等等。像这个例子，时而出现这种结果，时而出现那种结果，呈现出一种偶然性现象。我们把这种偶然现象叫做随机现象。对于随机现象，我们通常关心的是在试验或观察中，某个结果是否出现或发生。我们把这些结果称为随机事件，简称事件。例如，某类汽车保险，有1000辆车主购买了这类保险，我们关心的是，在一年中，有多少辆汽车将发生损失。发生损失的车辆数可能是0~1000中的任意一个整数，也就是说，损失的结果是一个随机事件。又如，某人投保了意外伤害险，由于他可能因意外而受伤害，故他可能得到保险给付金，而随着受害的程度不同，他能得到的给付金额是0至保险金额之间的某一个数，也就是他能得到的给付金额的结果是一个随机事件。可见随机事件在保险中是普遍存在的。

2.3.2 概率定义

在概率论中有一个著名试验——投币试验，这个试验说明，如果一个随机试验在完全相同条件下进行了 n 次，在 n 次试验中某种特定事件发生了 m 次，则这种事件在每次试验时发生的概率估计可用比值 m/n 给出，此值介于0,1之间。很显然概率估计的可靠性取决于所做试验的次数。例如，如果我们长期观察一个车队发生损失的车数，则在一年中，车辆损失的各种次数的可能性接近于某一固定百分比。表2-5所示的就是某车队在一年中可能发生的损失与比例的关系。

表2-5　车辆损失次数与可能性对照表

损失次数	可能性
0	60%
1	30%
2	7.5%
3	1.3%
4	0.8%
5次以上	0.4%

如果观察许多投保人获得的赔偿金，则在观察人数很多的情况下，各种赔偿金额出现的可能性大小亦有某种规律，即同一赔偿金额出现的次数与赔偿总次数的比率接近某一常数。

综上所述，我们得到：某一随机事件，经过长时间的观察，在试验中发生的次数与试验总次数的比率，几乎为一定值。这一定值，就是随机事件发生的可能性的大小。我们把它称之为随机事件的概率。这种通过比率定义的概率，在概率论中被称之为古典概率。

一般地说，如果一个随机试验在完全相同的条件下进行 n 次，在 n 次试验中事件 A

发生了 m 次，则该事件发生的概率为 $P(A)$，并有：

$$P(A)=\frac{m}{n} \quad \text{或} \quad P(A)=\lim_{n\to\infty}\frac{m}{n} \tag{2.9}$$

用这种方法求得的概率，称为先知概率。这个概率定义反映出两个问题：第一，定义的建立必须要有多种等可能的结果的先决条件；第二，等式右方的极限表示完全相同的随机试验进行了无限次。当然，在实际中，随机试验只能进行有限次，其结果 m/n（n 为有限次）只是概率的一个估计值。这一估计值的精确度随 n 的增大而提高。这个问题将在置信区间中得到解决。在很多情况下，是不能按等可能的结果进行分析。例如，求某一个40岁的人明年死亡的概率，某间房屋明年将发生火灾的概率等，都不能用上面的公式。通常用比率来代替。大数法则将告诉我们：当观察数量增加时，某种结果发生次数的比率，将接近其真正的概率。

按相对次数所解释的概率，有时称为客观概率，在求这一类概率时，必须要有重复的事件。然而，用这样的概率定义来求某一年40岁的人在明年死亡的概率，显然是不恰当的，因为它不是重复事件。但把40岁的人在明年死亡的概率，解释为许多40岁的人中，明年将死亡的人数的比率，却是合理的。

关于概率定义我们强调一点：概率包含一个持续的概念。这一点对保险经营是重要的。概率在保险上可有两种解释，一种是损失的空间概率，指在非常大数目的风险单位中，同样风险单位在给定经验周期内发生损失的比率；一是损失的时间概率，指在非常长的时期内，同一风险单位在等长的周期内发生损失的比率。例如，当一个风险管理者声明某个仓库明年发生火灾损失的概率是$\frac{1}{10}$时，可能有以下两种解释：

（1）在明年一年里，在相同条件下，具有相同风险的大量相互独立的仓库中，有$\frac{1}{10}$将遭受火灾损失。

（2）一个仓库，在相同的风险条件下，经过很长时间的观察，火灾将在$\frac{1}{10}$的年数内发生。

概率还可以解释为相信程度，这就是所谓主观概率。这种观念，用于某些独特事件较为恰当。主观概率的数值，由估计者所获得的资料及其分析资料的能力与所持的意见等因素决定。大部分有重复的事件，虽有客观概率存在，但决策者必须常对此客观概率，加以主观估计。要使我们的决策符合客观规律，就应力求减少主观因素，使估计的概率与客观概率充分接近。

随机事件可以是任何事件，但在保险经营中，往往是指某种风险或损失。因此，随机事件的概率，在保险经营中往往是指损失概率。例如，某一车队明年有5辆车发生碰撞而遭受损失的概率，就是指损失概率。

当我们把保险经营中的各种损失结果抽象成随机事件后，求相应的损失概率就转化成求某一随机事件的概率。

保险费中的纯保险费是在风险事故发生时，用来作为赔偿的那部分金额，也就是说，“纯保费总额＝未来赔偿金总额”，这就在理论上要求：“纯费率＝损失概率”。由此可见，损失概率对于保险人制定纯费率具有决定性作用。

损失概率，也像概率论中讨论的许多概率一样，有时并不是某一单个事件的概率，下面讨论各类事件的概率。

2.3.3 互不相容事件

不可能同时发生的事件，称为互不相容的事件。

互不相容事件在保险经营中是很多的，例如，"某人在明年死亡"这一事件，与事件"某人在明年年底仍然生存"，就是互不相容事件。

在随机事件全集 Ω 中，若 $A+\bar{A}=\Omega$，而 A 与 $\bar{A}$ 不能同时发生，则称 A 与 $\bar{A}$ 互斥，且有

$$P(A+\bar{A})=P(A)+P(\bar{A})=1 \tag{2.10}$$

利用上述结论，可以计算某些损失概率。例如，某一汽车在明年发生碰撞损失 1000 元的同时，不可能又是发生碰撞损失 5000 元。这样某一汽车明年发生碰撞损失 1000 元或 5000 元的概率，就应该等于损失 1000 元的概率与损失 5000 元的概率之和。假如损失 1000 元的概率为$\frac{1}{10}$，损失 5000 元的概率为$\frac{1}{20}$，则损失 1000 元或 5000 元的概率为$\frac{1}{10}+\frac{1}{20}=\frac{3}{20}$。

所有两两互不相容事件概率的总和必等于 1，因为所有两两互不相容事件的集合中，必有一事件确定发生。在风险管理方面，这个结论用处很大。如已知无损失的概率，则用 1 减去这个概率，就可以求得损失的概率。

2.3.4 相交事件，独立事件，事件的并

事件 A 和 B 能够同时发生，则称事件 A 和 B 为相交事件，记为 $A\cap B$ 或(AB)。

相交事件在保险经营中也是经常出现的。例如，设有甲、乙两个年龄分别为 35 岁及 50 岁的人，求在第二年甲、乙两个都将死亡的概率。这显然是指"甲在第二年死亡"与"乙在第二年死亡"同时发生的结果。

$A\cap B$ 或(AB) 又称为事件的交，事件 A 和 B 至少有一个发生，则称事件 A 和 B 为相容事件，记为 $A\cup B$（或 $A+B$）。$A\cup B$（或 $A+B$）又称为事件的并。

对于事件 A 和 B，在事件 A 发生的条件下事件 B 发生的概率，称为条件概率

记为 $P(B|A)$，

于是有 $P(B|A)=\dfrac{P(A\cap B)}{P(A)} \quad P(A)\neq 0$ (2.11)

相交事件的概率 $P(AB)=P(B)P(A|B)=P(A)P(B|A)$ (2.12)

相容事件的概率 $P(A\cup B)=P(A)+P(B)-P(AB)$ (2.13)

两个事件独立，是指其中一个事件的发生，不影响另一事件的发生。

若事件 A、B 相互独立，则有

$$P(A|B)=P(A) \tag{2.14}$$

$$P(AB)=P(A)P(B) \tag{2.15}$$

$$P(A \cup B) = P(A) + P(B) - P(A)P(B) \tag{2.16}$$

例2-1 如果在甲地汽车碰撞损失的概率为$\frac{1}{10}$,在乙地汽车碰撞损失的概率为$\frac{1}{5}$,假设甲、乙两地相距很远,则汽车在甲地碰撞这一事件的发生,并不影响汽车在乙地发生碰撞的概率,反之也是同样的。求①汽车在两地都发生碰撞的概率;②甲地碰撞,乙地不碰撞的概率;③甲地不碰撞,乙地碰撞的概率;④甲、乙两地均不碰撞的概率。

解:设汽车在甲地碰撞的事件为A,汽车在乙地碰撞的事件为B,A与B相互独立,

所以:①甲、乙两地均碰撞:$P(AB) = P(A)P(B) = \frac{1}{10} \times \frac{1}{5} = \frac{1}{50}$

②甲地碰撞,乙地不碰撞:$P(A\bar{B}) = P(A)P(\bar{B}) = \frac{1}{10} \times (1 - \frac{1}{5}) = \frac{4}{50}$

③甲地不碰撞,乙地碰撞:$P(\bar{A}B) = P(\bar{A})P(B) = \left(1 - \frac{1}{10}\right) \times \frac{1}{5} = \frac{9}{50}$

④甲、乙两地均不碰撞:$P(\bar{A}\bar{B}) = P(\bar{A})P(\bar{B}) = (1 - \frac{1}{10})(1 - \frac{1}{5}) = \frac{36}{50}$

如果有甲、乙两间相邻的房屋,"甲房屋发生火灾"与"乙房屋发生火灾"这两个事件不是相互独立的,因为其中一间房屋发生火灾会使邻近的另一间房屋发生火灾的可能性增大,涉及某一房屋发生火灾的概率需要用到条件概率。

例2-2 设有两间房屋,每一房屋发生火灾的概率为$\frac{1}{50}$,且其中一房屋发生火灾,使另一房屋发生火灾的概率增为$\frac{1}{2}$。求两房屋皆发生火灾和一间发生另一间不发生,以及两间都不发生火灾的概率。

解:设两间房屋发生火灾的事件为A、B

由已知:$P(A) = P(B) = \frac{1}{50}, P(A/B) = P(B/A) = \frac{1}{2}$

①两屋皆发生火灾的概率:$P(AB) = P(A)P(B/A) = \frac{1}{100}$

②A发生,B不发生:$P(A\bar{B}) = P(A)P(\bar{B}/A) = \frac{1}{50}(1 - \frac{1}{2}) = \frac{1}{100}$

③B发生,A不发生:$P(\bar{A}B) = P(B)P(\bar{A}/B) = \frac{1}{100}$

④A、B均不发生:$P(\bar{A}\bar{B}) = 1 - P(AB) - P(\bar{A}B) - P(A\bar{B}) = \frac{97}{100}$

例2-3 设A、B为两个仓库,发生火灾的概率均为$\frac{1}{50}$,

①假设"A发生火灾"与"B发生火灾"两事件是相互独立的,求仓库A或B发生火灾的概率?

解:$P(A \cup B) = P(A) + P(B) - P(AB)$

$= P(A) + P(B) - P(A)P(B)$

$$=\frac{1}{50}+\frac{1}{50}-\frac{1}{50}\times\frac{1}{50}=\frac{99}{2500}$$

②如果 A、B 不是相互独立，其中一个仓库发生火灾使另一个仓库发生火灾的概率上升为$\frac{1}{2}$，求仓库 A 或 B 发生火灾的概率？

解：
$$\begin{aligned}P(A\cup B)&=P(A)+P(B)-P(AB)\\&=P(A)+P(B)-P(A)P(B/A)\\&=\frac{1}{50}+\frac{1}{50}-\frac{1}{50}\times\frac{1}{2}=\frac{3}{100}\end{aligned}$$

例2－4　根据最近一项为保险集团进行的市场调查，超过30岁的男人中，40%的人拥有汽车和房子，60%的人拥有房子，70%的人拥有汽车。如果随机地选取一人，其拥有房子或拥有汽车，或拥有汽车和房子的概率是多少？

解：设此人拥有房子的事件为 A，拥有汽车的事件为 B，

已知　$P(A\cap B)=0.4$　$P(A)=0.6$　$P(B)=0.7$

则：　$P(A\cup B)=P(A)+P(B)-P(AB)=0.6+0.7-0.4=0.9$

例2－5　在例2－4中，保险人按照自己的市场战略，过去只承保汽车车身险。绝大多数的保单持有人为超过30岁的男人。除了他们都拥有汽车这一点外，生活在同一社会并超过30岁的男子是保单持有人的显著特点。保险公司将开展家庭保险业务，计划首先以发函给现有保单持有人的方式开发新业务。问，在随机选择下，现有保单持有人拥有房子的概率是多少？

解：在全社会范围内随机选取一个超过30岁的男人，设此人拥有房子的事件为 A，拥有汽车的事件为 B，

已知　$P(A\cap B)=0.4$　$P(A)=0.6$　$P(B)=0.7$

求在拥有汽车的条件下，还拥有房子的概率：

$$P(A/B)=\frac{P(AB)}{P(B)}=\frac{0.4}{0.7}=\frac{4}{7}\approx 0.57$$

由于保单持有人是生活在同一社会的超过30岁的男子，且都拥有汽车，所以，保单持有人拥有房子的概率必为0.57。

此值稍小于 $P(A)$，即超过30岁的拥有房子的男子的概率(0.6)。因此保险人会认真地考虑直接面向现有保单持有人开发新业务的计划。这一决策在某种程度上也许是基于这样一种管理观点：现有保单持有人的友好亲善将引导他们购买新的保险。

2.3.5　概率定理

2.3.5.1　全概率定理

如果事件 $A_1,A_2,\cdots,A_n$ 构成完备事件组，且 $P(A_i)>0(i=1,2,\cdots,n)$，则对任一事件 B，有

$$P(B)=\sum_{i=1}^{n}P(A_i)P(B/A_i)\tag{2.17}$$

称(2.5.1)为全概率公式。

全概率公式的用途很广，其意义在于可以将一个复杂的事件分解成若干个比较简单的事件来求其概率：一个事件A往往可能是在若干个不同条件下(可视为A发生的不同原因)发生，因而可将A分解成若干个互不相容事件，只要知道了各种原因发生条件下该事件发生的概率以及各种原因发生的概率，利用全概率公式就可求得该事件的概率。

例2-6 某企业因技术和设备落后及市场竞争而不断亏损。为改变现状挽回前途，企业决定开发的两种新产品，都有80%成功的希望(两种新产品分别独自研制)。又根据对市场销售情况的研究分析出了大家一致满意的主观概率估计：①若两项新产品皆研究成功，该企业有90%的希望挽回前途；②若仅有一项研制成功，该企业有50%的希望挽回前途；③若两项皆未成功仅有10%的希望挽回前途。试问该企业采取这种决策能挽回其前途的机会如何？

解：设B_0表示"两项新产品研制成功"的事件；

B_1表示"一项新产品研制成功"的事件；

B_2表示"两项新产品研究失败"的事件；

事件A表示"挽回前途"。

由题意知 $P(B_0)=0.8^2=0.64$

$$P(B_1)=0.8\times0.2+0.2\times0.8=0.32$$

$$P(B_2)=0.2^2=0.04$$

$$P(A|B_0)=0.9\quad P(A|B_1)=0.5\quad P(A|B_2)=0.1$$

所以

$$\begin{aligned}P(A)&=\sum_{i=0}^{2}P(B_i)P(A\mid B_i)\\&=0.64\times0.9+0.32\times0.5+0.04\times0.1\\&=0.74\end{aligned}$$

结论：实行研制新产品这一决策能挽回企业前途的希望为74%。

2.3.5.2 贝叶斯定理(逆概率定理)

若$A_1,A_2,\cdots,A_n$构成完备事件组，且$P(A_i)>0$，则对任一事件$B(P(B)>0)$，有

$$P(A_K\mid B)=\frac{P(A_K)P(B\mid A_K)}{\sum_{i=1}^{n}P(A_i)P(B/A_i)}\tag{2.18}$$

称(2.18)为贝叶斯公式，也称逆概率公式。

贝叶斯公式的意义在于：已知事件B当且仅当n个两两互斥的事件$A_1,A_2,\cdots,A_n$之一发生时发生，即$A_1,A_2,\cdots,A_n$为B发生的"原因"，现在B已经发生了，反过来要探讨$A_1,A_2,\cdots,A_n$中哪一个是导致B发生的真正"原因"。

例2-7 按例2-6，若企业的前途已经挽回，问企业"两项新产品研制成功"，"一项新产品研制成功"，"两项新产品研制失败"的概率各为多少？

解：由例2-6知 $P(B_0)=0.64\quad P(B_1)=0.32$

$$P(B_2)=0.04\quad P(A/B_0)=0.9\quad P(A/B_1)=0.5$$

$P(A/B_2)=0.1 \quad P(A)=0.74$

由贝叶斯公式：

$$P(B_0/A)=\frac{P(B_0)P(A/B_0)}{P(A)}=0.7784$$

$$P(B_1/A)=\frac{P(B_1)P(A/B_1)}{P(A)}=0.2162$$

$$P(B_2/A)=\frac{P(B_2)P(A/B_2)}{P(A)}=0.0054$$

这里由贝叶斯公式验证了，要使企业前途得到挽回，新产品研制的成功率是重要的。

例2－8 某保险公司把被保险人分成三类："谨慎的""一般的"和"冒失的"。统计资料表明，上述三种人在一年内发生事故的概率依次为0.05，0.15和0.30，如果"谨慎的"被保险人占20%，"一般的"占50%，"冒失的"占30%，现已知某被保险人在一年内出了事故，则他是"谨慎的"客户的概率是多少？

解：设 A_1, A_2, A_3 分别表示"被保险人是谨慎的""被保险人是一般的""被保险人是冒失的"诸事件，B 表示事件"被保险人在一年内出了事故"。则由题设

$P(A_1)=0.2 \quad P(A_2)=0.5 \quad P(A_3)=0.3$

$P(B/A_1)=0.05 \quad P(B/A_2)=0.15 \quad P(B/A_3)=0.3$

由贝叶斯公式，所求概率为：

$$P(A_1/B)=\frac{P(B/A_1)P(A_1)}{\sum_{i=1}^{3}P(B/A_i)P(A_i)}$$

$$=\frac{0.05\times0.2}{0.05\times0.2+0.15\times0.5+0.3\times0.3}$$

$$=0.057$$

2.3.5.3 贝努里定理

现实世界中有许多随机试验只有两种可能结果。例如，掷币试验，出现正面或反面；产品抽样检查，考查合格或不合格，等等。将这些试验的某一结果记作 A，则另一个结果就是 $\bar{A}$，像这类只考察两种结果 A 与 $\bar{A}$ 的试验，被称作贝努里（Bernoulli）试验。

如果在相同的条件下独立地做 n 次贝努里试验（即各次试验的结果互不影响），事件A在每次试验中发生的概率保持不变，这时称这种试验为 n 重贝努里试验。

n 重贝努里试验是一种非常重要的概率模型，许多实际问题都可归结为这种模型，通常称它为贝努里概型。它与古典概型的重要区别在于，它的样本点不一定是等概的。它常用来讨论 n 次重复试验中事件 A 发生的次数及其概率。对此，我们有下面的定理。

设贝努里试验中事件 A 发生的概率为 $P(0<p<1)$，则在 n 重贝努里试验中事件 A 恰发生 m 次的概率为：

$$P_n(m)=C_n^m p^m q^{n-m} \quad (m=0,1,2,\cdots,n) \tag{2.19}$$

其中 $q=1-p$

这个定理就称为“贝努里定理”。

例2-9 假定一年中某类人群里每个人死亡的概率为0.005,现有10 000个这类人参加人寿保险,试求在未来一年中这些被保险者里面,①有40个人死亡的概率,②死亡人数不超过70的概率。

解:一个人在未来一年里要么死亡,要么到年底仍然生存,故一个人在未来一年里死亡的概率与生存的概率之和为1,所以某人在未来一年中生存的概率为:1-0.005=0.995。

①在未来一年里,任一被保险者死亡或生存,与另一被保险者死亡或生存是相互独立的。现在要求的是40人在未来一年中死亡概率。我们可以把这一结果看做在未来一年里有40个人死亡与有10 000-40=9960个人到年底仍然生存一并发生复合的结果。由独立事件的复合事件的概率知道,给定的40个人死亡与9960个人生存的复合事件的概率为:$(0.005)^{40}\times(0.995)^{9960}$。但我们知道,在这10 000人中,哪40个人死亡是任意的,但每个人显然不可能重复死亡,(这样,根据组合的原理)在10 000个人中,选取40人(死亡)的方法共有$C_{10\,000}^{40}$种。

故有40个人死亡的概率[用符号$P(40,10\,000,0.005)$表示]为

$$P(40,10\,000,0.005)=C_{10\,000}^{40}(0.005)^{40}(0.995)^{9960}$$

②死亡人数不超过70人这一结果,包括死亡人数为0个,1个,2个……死亡人数为70个这些互不相容事件,故其概率为

$$\begin{aligned}P(K\leqslant 70)&=P(0,10\,000,0.005)+P(1,10\,000,0.005)+\cdots+P(70,10\,000,0.005)\\&=\sum_{k=0}^{70}P(k,10\,000,0.005)\\&=\sum_{k=0}^{70}C_{10\,000}^{k}(0.005)^{k}(0.995)^{10\,000-k}\end{aligned}$$

此例的数值计算暂不讨论。

2.4 保险与概率分布

2.4.1 随机变量

我们首先做一个试验:这里有5枚同样大小、均匀的硬币,我们将这些硬币一枚一枚地朝一个大盒子扔,假定它们一定能掉进大盒子,但大盒子中间还放有一个小盒子,掉在小盒子中硬币的个数可能为0,1,2,3,4,5。如果用X来表示掉在小盒中硬币的个数,则X的取值可能为0,1,2,3,4,5,也就是说,X的取值因试验的结果不同而不同。

由此例可知,这个X是随着试验的结果不同而发生变化的,即X是一个变量我们把称之为随机变量。这种随机变量,在保险经营上常常是指取值为各种损失结果的变量。

上面的分析说明随机变量是定义在基本事件空间上的函数。对于一个随机变量,如果仅仅知道它可能取什么值是不够的,更有意义的是应当知道它取值在某一范围里的可能性多大,即随机变量也以一定的概率取各种可能值,我们称之为随机变量的概率分布。

随机变量的分布函数：

$$F(x)=P(X\leqslant x) \tag{2.20}$$

$$P(x_1\leqslant X\leqslant x_2)=F(x_2)-F(x_1) \tag{2.21}$$

分布函数性质：

(1)$0\leqslant F(x)\leqslant 1$

(2)$F(x)$单调不减函数

当$x_1<x_2$时　有$F(x_1)\leqslant F(x_2)$

(3)$F(-\infty)=\lim\limits_{x\to-\infty}F(x)=0$

$$F(+\infty)=\lim_{x\to+\infty}F(x)=1$$

(4)$F(x)$右连续，即对任意实数x

$$F(x+0)=F(x)$$

2.4.2 离散型随机变量及其分布

通常随机变量可分为离散型随机变量和连续型随机变量两类，如果随机变量X的值可一一列举，则称为离散型随机变量。

2.4.2.1 离散型随机变量的分布函数

$$F(x)=P(X\leqslant x)=\sum_{x_i\leqslant x}p_i\quad(-\infty<x<+\infty) \tag{2.22}$$

$$P(x_1\leqslant X\leqslant x_2)=F(x_2)-F(x_1) \tag{2.23}$$

性质：$p_i\geqslant 0,\ \sum\limits_{i=1}^{\infty}p_i=1$

2.4.2.2 离散型随机变量的概率分布

X	x_1	x_2	…	x_n	…
$P(X=x_i)$	p_1	p_2	…	p_n	…

(2.24)

概率分布也称分布列(律)，概率分布是离散型随机变量统计规律性的全面描述。从分布列上，我们可以一目了然地看出事件发生某一结果及其对应的概率，而且，我们还可以通过概率分布，计算一定范围内各种其他结果的概率。

2.4.3 连续型随机变量

有些随机变量，按其属性是连续的；它们可以在一段连续区间上任意取值。称为连续型随机变量，譬如：随机地选取一个成年人的身高，某地区在一个确定时期的降雨量，保险索赔的额度(忽略不可支付的小于1分钱的钱数)，都是连续型的随机变量。

(1)分布函数：若$p(x)\geqslant 0$　对于$\forall x$

$$F(x)=P(X\leqslant x)=\int_{-\infty}^{x}p(x)\mathrm{d}x \tag{2.25}$$

称X为连续型随机变量，$p(x)$为X的分布密度。

(2) 分布密度 $p(x)$ 的性质

① $p(x) \geqslant 0$

② $\int_{-\infty}^{+\infty} p(x)\mathrm{d}x = 1$ (2.26)

(3) 概率计算:

$$P(x_1 < X \leqslant x_2) = F(x_2) - F(x_1) = \int_{x_1}^{x_2} p(x)\mathrm{d}x \tag{2.27}$$

(4) $P(x = x_0) = 0$ x_0 为任一实数

(5) $[F(x)]' = [\int_{-\infty}^{x} p(x)\mathrm{d}x]' = p(x)$ (2.28)

2.4.4 概率分布在保险的应用

2.4.4.1 索赔次数和索赔频数

在保险经营中,保险公司发生的索赔次数始终是一个离散型随机变量。

例如:某一企业每年将货物运送到用户时,所有损失的概率可用表 2-6 表示。

表 2-6 假定损失次数的概率分布

损失次数	损失概率	损失次数	损失概率
0	0.1353	6	0.0120
1	0.2707	7	0.0034
2	0.2707	8	0.0009
3	0.1804	9	0.0002
4	0.0902	10 及以上	0.0001
5	0.0361		

同分布列一样,分布表也向我们清楚地显示了每一结果及其发生这一结果的概率。这样,我们就可以计算各项损失的概率或数项结果的复合概率。例如,每年损失 5 次以上的概率为:0.0361 + 0.0120 + 0.0034 + 0.0009 + 0.0002 + 0.0001 = 0.0527,这就是说,每年损失 5 次以上的概率为 5.27%。

例2-10 某单位拥有5间库房,根据过去的统计资料,得知该单位库房发生火灾的概率分布,其分布列为:

$$\begin{pmatrix} 0 & 1 & 2 & 3 & 4 & 5 \\ 0.4 & 0.25 & 0.18 & 0.09 & 0.05 & 0.03 \end{pmatrix}$$

试计算:(1) 该单位明年没有库房发生火灾的概率;(2) 该单位明年有库房发生火灾的概率;(3) 该单位明年有 3 间(包括 3 间) 以上库房发生火灾的概率。

解:(1) 该单位明年没有库房发生损失的概率为 $P(0) = 0.4$

(2) 该单位明年有库房发生火灾的概率:

① $P = P(1) + P(2) + P(3) + P(4) + P(5)$

$= 0.25 + 0.18 + 0.09 + 0.05 + 0.03 = 0.6$

或 ② $P = 1 - P(1) = 1 - 0.4 = 0.6$

(3) 同(2) 很容易得到

$P(k \geqslant 3) = P(3) + P(4) + P(5) = 0.17$

例2-11 某工厂有4辆汽车,假设每辆车在一年内至多只发生一次损失,且各自相互独立,具有相同的损失概率 $P = 0.1$,试建立该工厂一年内汽车损失次数的概率分布。

解:分别计算各种损失次数对应的概率,每年每辆汽车发生损失的概率为0.1,则其不发生损失的概率为0.9。

(1) 该工厂一年内只有一辆汽车发生损失

$P(1) = C_4^1 \times 0.1 \times 0.9^3 = 0.2916$

(2) 该工厂一年内有两辆汽车发生损失。

$P(2) = C_4^2 \times 0.1^2 \times 0.9^2 = 0.0486$

(3) 该工厂一年内有3辆汽车发生损失

$P(3) = C_4^3 \times 0.1^3 \times 0.9 = 0.0036$

(4) 该工厂一年内有4辆汽车发生损失

$P(4) = C_4^4 \times 0.1^4 = 0.0001$

(5) 该工厂一年内一次损失也没发生

$P(0) = 0.9 \times 0.9 \times 0.9 \times 0.9 = 0.6561$

该工厂一年内汽车损失次数的概率分布

损失次数	0	1	2	3	4
损失概率(次数)	0.6561	0.2916	0.0486	0.0036	0.0001

例2-12 表2-7中的数字取自Johnron与Hey的论文,它描述了保险未满期责任(portfolio)中保单持有人在一年内做0,1,3…次索赔的频数。根据所提供的数字,作相对频数图和观察到的分布函数图。

解:见图2-1和图2-2。

表2-7 在一年内保单持有人做0,1,2,3,4,5次索赔的数量

一年内索赔次数	频 数	索赔频率
0	370 412	0.879
1	46 545	0.110
2	3935	0.009 34
3	317	0.000 752
4	28	0.000 066 4
5	3	0.000 007 12
≥6	0	

资料来源:[澳]I. B. 霍萨克,J. H. 波拉德,B. 策思维茨. 非寿险精算基础[M]. 王育宪,孟兴国,等,译. 北京:中国金融出版社,1992.

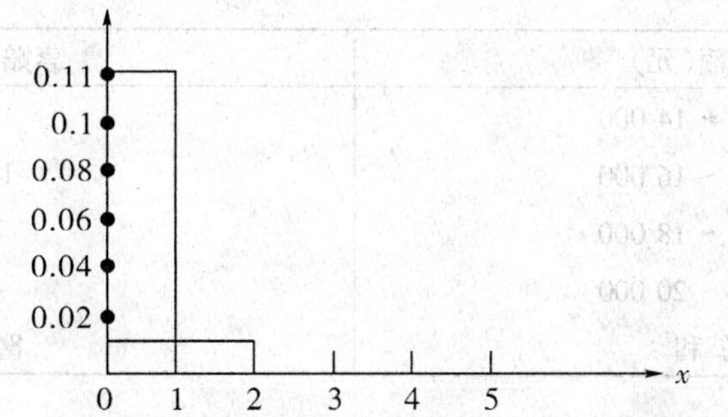

图 2 - 1　保单持有人在一年内作 0,1,2,… 次索赔的相对频数

注:当 $x = 2,3,4$ 和 5 时的相对频数值太小,在图中无法画出。

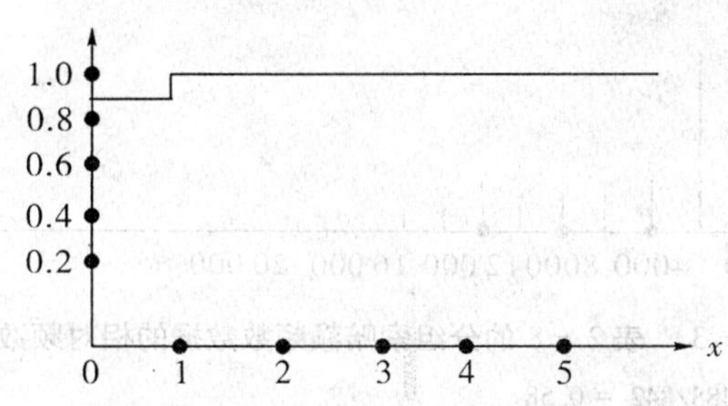

图 2 - 2　例 2 - 12 观察到的分布函数

注:当 $x = 2$ 起,函数值如此接近 1.0,已不易察觉差别。

2.4.4.2　索赔额

对连续型随机变量来说,它在取一个特定值时的概率为零。所以求随机变量在一个特定区间上的概率才是有意义的。因而,在讨论保险索赔时,问一个额度为 374.13 元的索赔的发生概率是没有意义的,求索赔额在 250 ~ 500 元之间的概率才是有意义的。

常有这种情况,连续型随机变量的频数资料具有离散的特性。无论怎样度量,无论精确到厘米或是分米,都应当对观察值进行分组,使其集合在有限个等分区间内。表 2 - 8 是一个索赔额的频数分布的例子。在各区间的中点上绘出高于等于本区间的索赔的相对频数的线段,我们就可以作出它的频数分布的图形,如图 2 - 3。更有效的方法是绘制直方图,如图 2 - 4,在图中,每个小区间上的长方形面积等于该区间的索赔的相对频数。

表 2 - 8　索赔额的频数分布

索赔额(元)	索赔频数
0 ~ 2000	488
2000 ~ 4000	115
4000 ~ 6000	92
6000 ~ 8000	54
8000 ~ 10 000	33
10 000 ~ 12 000	19

表2-8(续)

索赔额(元)	索赔频数
12 000 ~ 14 000	15
14 000 ~ 16 000	15
16 000 ~ 18 000	7
18 000 ~ 20 000	4
总 和	842

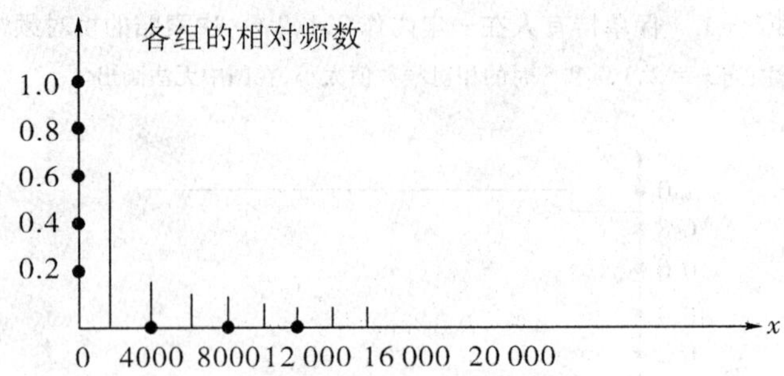

图 2-3 表 2-8 的分组索赔额频数数据的相对频数表达

注:第一条线段的高度为:488/842 = 0.58

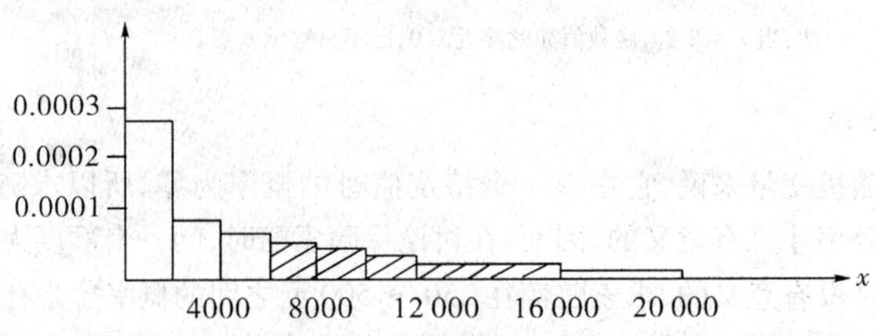

图 2-4 表 2-9 的分组索赔额频数数据的直方图表达

注:① 直方图在 $x = 0$ 到 $x = 2000$ 之间的面积等于 0.58,与图 2-3 一致。

② 直方图在 $x = 8000$ 到 $x = 16\,000$ 之间的面积是对发生 8000 ~ 16 000 元之间的索赔的概率的估计。

③ 索赔额频率为直方图面积;索赔额 x 的等分区间的每个区间的长度为直方图的宽。

若设直方图的高为 y,则

$$y = \text{索赔额频率} / \text{宽}(x)$$

例如:索赔额频率为 0.58,索赔额 $x_1 = 2000$

于是 $y_1 = 0.58/2000 = 0.000\,29$

另一种方式为我们提供了一种处理连续资料的方法。我们考虑一个非负函数 $f(x)$,这个函数叫做概率密度函数。它在 $x = a$ 和 $x = b$ 区间上覆盖的面积是随机变量在 (a,b) 区间上的概率。图 2-5 是一个例子。在 $x = -\infty$ 和 $x = +\infty$ 的区间上,曲线下的总面积永远等于 1.0,因为随机变量必须位于 $-\infty$ 和 $+\infty$ 之间。

连续型随机变量 X 的分布函数 $F(x)$ 的定义与离散型的定义完全相同,即:随机变量

X 的取值小于或等于 x 的概率。当 $x=+\infty$ 时，$F(x)$ 等于零；以此为起点，当 x 增加时，$F(x)$ 保持不 变或随之增加；在 $x=+\infty$（或在此之前），$F(x)=1.0$。它不能大于 1.0。

由于概率密度曲线下的总面积必须是 1.0，图 2－5 中阴影部分的面积就是1－$F(2000)$。

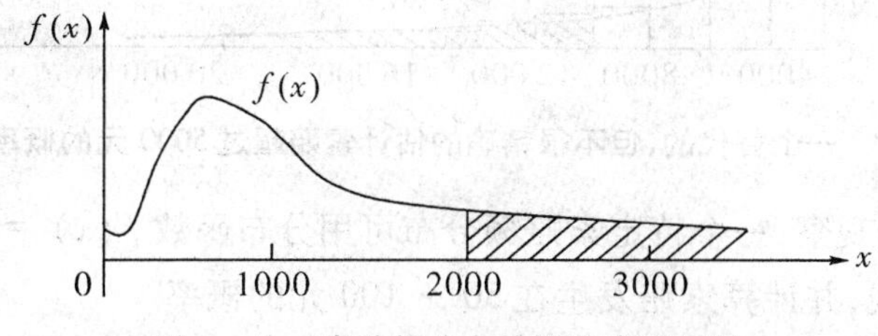

图 2－5　索赔额分布的概率密度函数

注：负索赔是不可能的，所以对 $x<0$，$f(x)$ 为零。曲线下的总面积等于 1.0，阴影部分是索赔额超过 2000 元的概率。

例 2－13　表 2－8 显示了某项保险未满期责任中索赔额的分布。将索赔额 X 考虑为一个取值在 0 ~ 20 000 元之间的随机变量；画出观测的分布函数 $F(x)$ 的图形并估计实际索赔超过 5000 元的概率。

索赔额小于零的概率显然是零。对索赔额小于 2000 元的概率的估计是 488/842 = 0.58。如是得到图 2－6 中头两个点的数值。索赔额小于或等于 4000 元的概率估计为 (488 + 115)/842 = 0.72。其余各点可依次类推并画出观测分布函数 $F(x)$ 的图形。

在 $x=5000$ 时，曲线的高度（大约为 0.8）是对索赔额小于或等于 5000 元的概率的估计。可以推论，一个超过 5000 元的索赔发生的概率大约为 0.2(1/5)。

一种替代的，但不很精确地估计这种概率的方法如下：先在作图纸上画出图 2－4，然后画出 $f(x)$ 的平滑曲线，如图 2－7（注意：$f(x)$ 曲线下面的总面积为 1.0，在各小区间上它所覆盖的面积近似地等于直方图的相应部分的面积。）人们可以根据在 $x=5000$ 以右 $f(x)$ 的平滑曲线下的面积来估计其概率。（在作图纸上数小方格数）

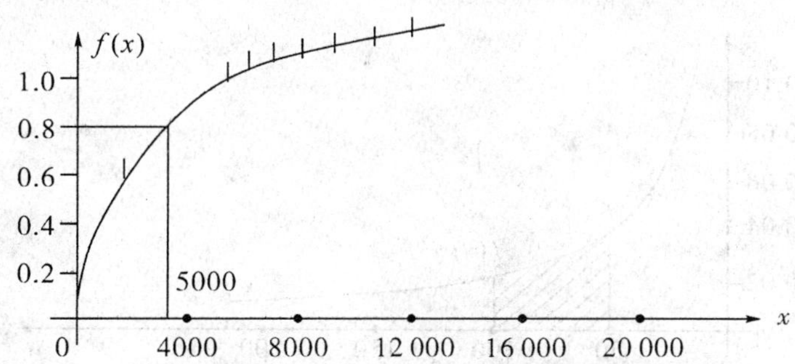

图 2－6　估计的分布函数 $F(x)$（数据按表 2－8）

注：索赔小于或等于 5000 元的概率是用 $x=5000$ 处垂线的高度来估计。

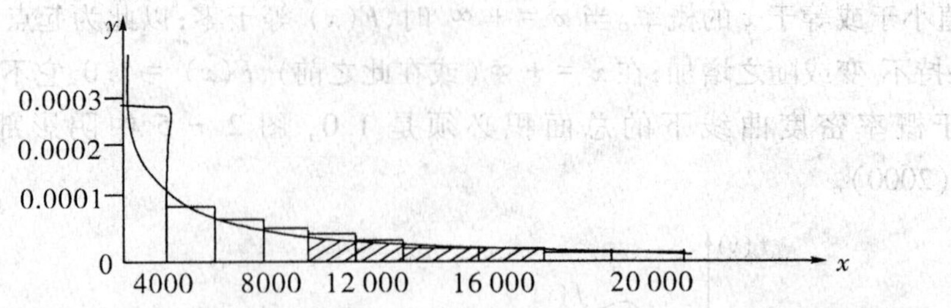

图 2-7　一个替代的,但不很精确的估计索赔超过 5000 元的概率的方法

例 2-14　据观察,一个特定索赔额分布可用分布函数 $F(x)=1-e^{-0.01x}$ 表示,画出 $y=F(x)$ 的曲线,并计算索赔发生在 50 ~ 100 元的概率。

解:曲线的图形如图 2-8。

在 50 ~ 100 元之间发生索赔的概率为:

$F(100)-F(50)=0.632-0.393=0.239$,几乎等于 1/4。

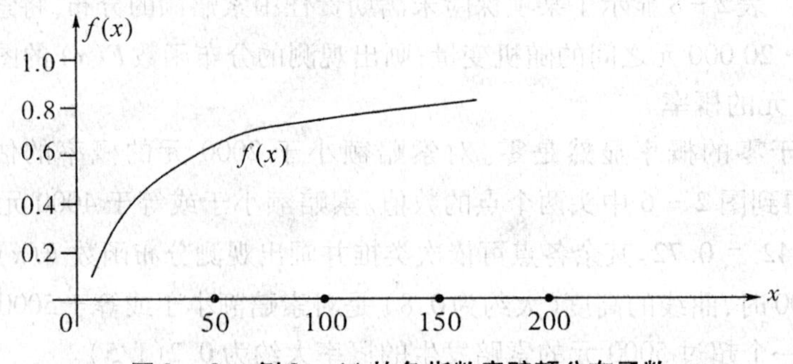

图 2-8　例 2-14 的负指数索赔额分布函数

值得注意的是这个索赔额分布的概率密度函数是:

$$f(x)=\frac{d}{dx}F(x)=0.01e^{-0.01x}$$

所求概率等于在 $x=50$ 和 $x=100$ 之间该曲线下的面积(见图 3-9)

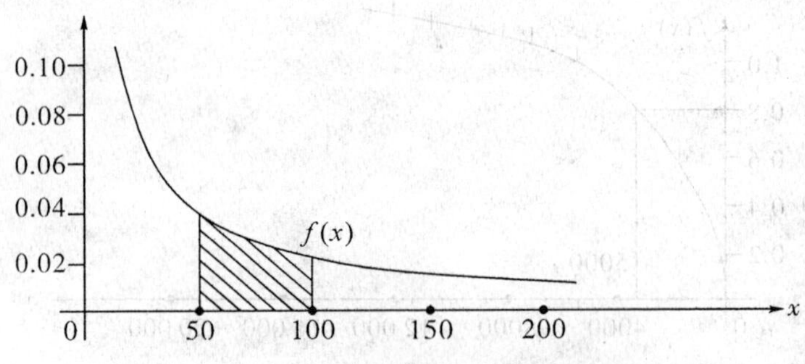

图 2-9　例 2-14 的负指数索赔额概率密度函数

例 2-15　表 2-9 显示了索赔情况调查所揭示的索赔分布情况。画出观察到的分布函数的图形,并用它估计在 150 ~ 250 元之间发生索赔的概率。

表 2－9　　索赔额频数分布

索赔额(元)	频 数	$F(x)$	$f(x)$
0 ~ 100	15	0.17	0.17
100 ~ 200	40	0.64	0.47
200 ~ 500	23	0.91	0.27
500 ~ 1000	8	1.00	0.09
1000 以上	0		

解:频数的总和为 86。$F(100)$ 的估计 —— 对发生 100 元以下索赔的概率的估计为 $15/86 = 0.17$。而 $F(200)$、$F(500)$ 和 $F(1000)$ 的估计如下:

$F(200) = (15 + 40)/86 = 0.64$

$F(500) = (15 + 40 + 23)/86 = 0.91$

$F(1000) = (15 + 40 + 23 + 8)/86 = 1.00$

将这些点在图上标出,用一条平滑曲线连接起来,如图 2－10。

本例所求的 $F(250) - F(150)$ 的概率估计,用观察到的 $F(x)$ 曲线在 $x = 250$ 和 $x = 150$ 的高度之差求得,为 $0.71 - 0.50 = 0.21$(见图 2－10)。

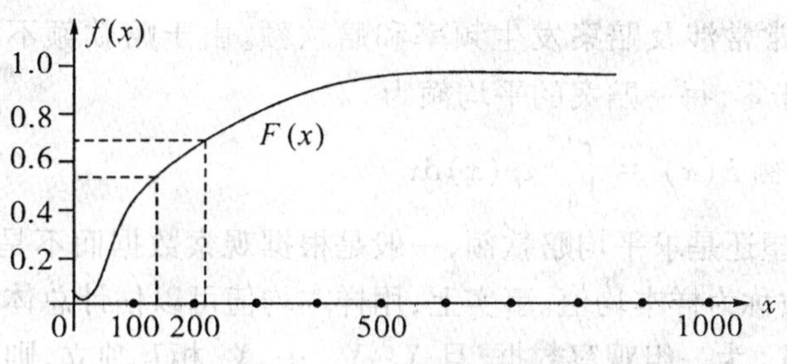

图 2－10　例 2－15 中观察到的分布函数 $F(x)$

2.5　保险与随机变量的数字特征

2.5.1　数学期望与保险

2.5.1.1　数学期望

设 X 为一离散型随机变量,它的取值为 $x_1, x_2, \cdots, x_n$,取这些值的概率分别为 $p_1, p_2, \cdots, p_n$,则 X 的期望值定义为:

$$E(X) = p_1x_1 + p_2x_x + \cdots + p_nx_n = \sum_{i=1}^{n} x_ip(X = x_i) \tag{2.29}$$

如果 X 为连续型随机变量,其概率密度为 $p(x)$,则 X 的期望值定义为:

$$E(X) = \int_{-\infty}^{+\infty} xp(x)\,dx \tag{2.30}$$

无论是离散型随机变量的期望值，还是连续型随机变量的期望值，都具有下面的性质：

设 X,Y 为随机变量，k,l 为常数

$E(kX) = kE(X) \quad E(k) = k$

$E(X+Y) = E(X) + E(Y)$

$E(lX+k) = lE(X) + k$

若 X,Y 相互独立　　则

$$E(XY) = E(X)E(Y) \tag{2.31}$$

2.5.1.2　期望与保险

在保险经营中，常常会涉及损失期望值。所谓损失期望值就是损失的不确定数额与损失概率的乘积。

如果把损失的各种不同数额，当做某一变量 X 的取值，则此时损失期望值，就是变量 X 的期望值，即 X 的数学期望。对于保险人来说，知道了损失期望值，也就知道了预期损失的总额，而保险费的收取，恰是以补偿其损失为基础的。对保险购买者来讲，他将把预期损失的金额与保险费相比较，然后作出是否购买保险的决定。可见期望值对保险经营是多么重要。

在保险经营中常常涉及赔案发生频率和赔款额。由于赔款额不能是负数，因此，当 $x < 0$ 时，$f(x)$ 等于零，每一赔案的平均额为

$$\text{平均赔款额 } E(x) = \int_0^{+\infty} xp(x)\,\mathrm{d}x \tag{2.32}$$

无论求损失期望还是求平均赔款额，一般是根据观察数据而不是依据总体分布所计算出的均值，常常被称为样本均值。事实上，用样本均值可以估计总体分布的均值。

设 $X_1,X_2,\cdots,X_n$ 为一组观察数据，且 $X_1,X_2,\cdots,X_n$ 相互独立，则

$$\bar{X} = \frac{X_1 + X_2 + \cdots + X_n}{n} = \frac{\sum X_i}{n} \tag{2.33}$$

称式(2.33) 为样本均值。

例2-16　以表2-10中的数据计算某一保单在其有效年度中的赔案发生次数的样本均值。

解：我们可以用频率来估测未知概率，将这些频率代入公式(2.29)，即得出赔案发生次数的均值：

$$0 \times \frac{17\ 353}{19\ 412} + 1 \times \frac{1414}{19\ 412} + 2 \times \frac{620}{19\ 412} + 3 \times \frac{25}{19\ 412} = 0.1406$$

表 2 - 10 观察到的被保险人在保单有效年度中提出 0,1,2 和 3 次索赔请示的数字

索赔的次数 j	在年度中提出 j 次索赔的被保险人数目
0	17 353
1	1414
2	620
3	25
总数	19 412

例 2 - 17 某类风险的赔款额分布函数为:

$$F(x) = 1 - e^{-0.001x} \quad (x \geqslant 0)$$

试以图解法求赔款额均值。

解:利用常量的导数(微商)为零和 e^{kx} 的导数为 ke^{kx} 这种事实,根据公式,我们可知赔款额的概率密度函数为:

$$f(x) = \frac{dF(x)}{dx} = 0.001e^{-0.001x} \quad (x \geqslant 0)$$

从而根据公式,可知赔款额均值为:

$$\int_0^{\infty} 0.001xe^{-0.001x}dx$$

这就是曲线 $g(x) = 0.001xe^{-0.001x}$ 在原点右面所覆盖的面积(见图 2 - 11)。如果我们仔细地以连点方式在坐标图上绘出曲线 $g(x)$,从而通过计算曲线下的小方块(包括不完整的小方块)的数目,就可以估测出其总面积为 1040。结论是,赔款额均值约为 1040 元。

事实上,公式(2.30)所表示的面积也可以用正式的积分法(formal integration)计算出来,精确的赔款额均值为 1000 元。

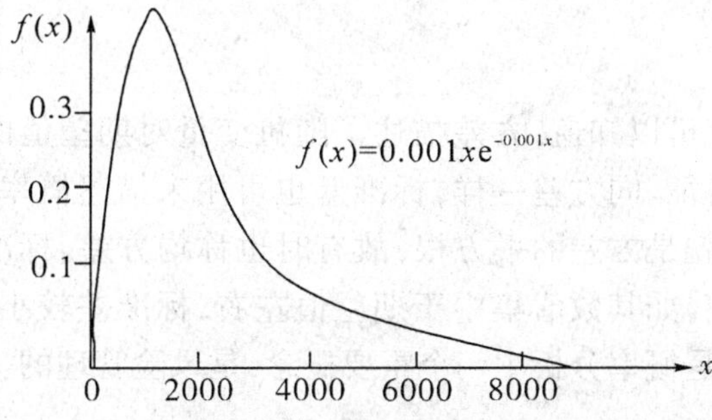

图 2 - 11 某一风险的分布函数为 $F(x) = 1 - e^{-0.001x}$ 时,平均赔款额可以通过计算曲线 $f(x)$ 下的面积的方法求出

例 2 - 18 某一项保险责任由 100 个独立的保单组成,这些保单属于(例 2 - 16)所介绍的类型。估测如此规模的责任项下需要处理的赔案的平均次数(或称"期望数目")。

解:需要处理的赔案总数等于 100 份独立保单中赔款数目的总和。根据例 2 - 16,每一保单项下平均赔案发生次数的估计值为 0.1406。通过式(2.31),我们可以得出这种结论,即:100 份保单责任项下的赔案次数均值的估计值或赔案次数的期望值为 100×0.1406,

或者说,预期有14.06次赔案将发生。

2.5.2 方差与保险

2.5.2.1 *方差,标准差*

设X为随机变量,$E(X)$为期望,

离差: $X-E[X]$

方差: $DX=E(X-EX)^2$

标准差: $\sqrt{DX}=\sqrt{E(X-EX)^2}$ (2.34)

(1) 离散型随机变量的方差

设X为一离散型随机变量,取值$x_1,x_2,\cdots,x_n$的概率分别为$p(x_1),p(x_2),\cdots,p(x_n)$,则称:

$$D(X)=\sum_{i=1}^{n}[x_i-E(X)]^2p(x_i) \tag{2.35}$$

为X的方差。

(2) 连续型随机变量的方差

若X为具有密度函数$p(x)$的连续型随机变量,则称:

$$D(x)=\int_{-\infty}^{+\infty}[x-E(x)]^2p(x)\mathrm{d}x \tag{2.36}$$

为X的方差。

方差具有以下性质:

$D(cX)=c^2DX$,这里c为常数,$Dc=0$

X,Y相互独立,则$D(X\pm Y)=DX+DY$

$DX=EX^2-(EX)^2$ (2.37)

(3) 标准差

从方差以上的概念可以知道,方差描述了随机变量对期望值的离散程度。方差是概率分布的另一个重要特征。同方差一样,标准差也可用来描述概率分布与其数学期望的离散程度。标准差的值就是方差的平方根,故有时也称均方差。标准差的大小,决定于各项结果与期望值的距离。如其数值集中于期望值左右,标准差较小,如其数值分离很广,则标准差较大。标准差是概率分析中一个重要概念,是风险管理的一种重要工具。

(4) 样本方差

根据观察数据而不是依据总体分布所计算出的方差,称为样本方差。

设$X_1,X_2,\cdots,X_n$为一组观察数据,若$X_1,X_2,\cdots,X_n$独立,且

$$\bar{X}=\frac{X_1+X_2+\cdots+X_n}{n}=\frac{\sum X_i}{n}$$

则: $$D(\bar{X})=\frac{1}{n}\frac{\sum_{i=1}^{n}D(X_i)}{n} \tag{2.38}$$

称式(2.38)为样本方差。

在数理统计中,样本方差还表示为

$$S^2 = \frac{1}{n}\sum_{i=1}^{n}(X_i - \bar{X})^2 \text{ 或 } S^2 = \frac{1}{n-1}\sum_{i=1}^{n}(X_i - \bar{X})^2 \tag{2.39}$$

事实上,样本方差常常被用以估算总体分布的方差,后者在大多数场合下都是未知的。样本的标准差等于样本方差的平方根,它可以估测总体分布的标准差。

2.5.2.2 方差、标准差与保险

例2-19 某甲工厂年损失金额的概率分布为分布列所表示:

$$\begin{pmatrix} 500 & 1000 & 1500 & 2000 \\ 0.82 & 0.15 & 0.02 & 0.01 \end{pmatrix}$$

计算:该厂年损失金额的期望值和标准差。

解:该厂年损失金额的期望值为:

$$m = 500 \times 0.82 + 1000 \times 0.15 + 1500 \times 0.02 + 2000 \times 0.01 = 610(\text{元})$$

列表2-11来计算标准差:

表2-11 标准差计算流程表

(1) 损失结果(元)	(2) 结果-期望值	(3) (结果-期望值)^2	(4) 概率	(5) (3)×(4)
500	-110	12 100	0.82	9922
1000	390	152 100	0.15	22 815
1500	890	792 100	0.02	15 842
2000	1390	1 932 100	0.01	19 321

第(5)栏的总和为67 900,所以标准差为$\sqrt{67\,900}$,大约为261元。

例2-20 某乙工厂年损失金额的概率分布如分布列所示:

$$\begin{pmatrix} 500 & 600 & 750 & 800 \\ 0.40 & 0.30 & 0.20 & 0.10 \end{pmatrix}$$

由计算可知,该厂年损失金额的期望值亦为610元,但其标准差不到112元。比较上面两例,不难发现,仅知道损失期望值,对于风险的了解还是很不充分的。在保险中,标准差不仅可显示离散型程度,而且还可以指出误差范围,以确定风险的大小。

例2-21 以表2-10中的数据计算某保单在其有效年度中赔款发生次数的样本方差与样本标准差。

解:从例2-16中,我们已知赔款次数的(样本)均值为0.1406;发生0,1,2和3次赔款的概率估计值分别是17 353/19 412,1414/19 412,620/19 412以及25/19 412。根据公式,就可以知道样本方差为

$$S^2 = 0^2 \times \frac{17\,353}{19\,412} + 1^2 \times \frac{1414}{19\,412} + 2^2 \times \frac{620}{19\,412} + 3^2 \times \frac{25}{19\,412} - (0.1406)^2$$

$$= 0.2122 - 0.0198$$
$$= 0.1924$$

样本标准差为：$S = \sqrt{0.1924} = 0.4386$。

例2-22 有一项由100张相互独立的保单组成的保险责任，其保单与例2-21中情况一样。现在要求估计这些保险单项下所发生的全部赔款次数的方差与标准差。

解：若干相互独立的随机变量之和的方差等于这些变量的方差之和。我们现有100项相互独立的保险单，其中每份保单项下发生赔款次数的方差为σ^2。尽管σ^2是未知的，但根据样本方差，我们估计它等于0.1924。那么整个保险责任下的赔款次数的方差的估计值为，$100 \times 0.1924 = 19.24$。总体的标准差估计值为

$$S = \sqrt{19.24} = 4.39$$

*2.5.3 矩，矩母函数

2.5.3.1 矩

随机变量的数学特征除了数学期望和方差外，还有其他的数字特征，这里介绍矩。事实上，矩是更一般的数字特征，而期望和方差只是矩的特例。下面我们介绍随机变量各阶矩（原点矩、中心矩），它们在数理统计中有重要作用。

（1）原点矩

某一随机变量的平方也是一个随机变量并且也有其期望值。对离散型随机变量X来说，

$$E(X^2) = \sum_{x^2} x^2 p(X = x) \tag{2.40}$$

类似地，对于连续型随机变量来说

$$E(X^2) = \int_{-\infty}^{+\infty} x^2 f(x)\,\mathrm{d}x$$

随机变量平方的期望值被称作是该随机变量的二阶原点矩，并以α_2表示。更一般地说，该随机变量X的r阶原点矩为：

$$\alpha_r = E(X^r) = \sum_{x} x^r p(X = x) \qquad \text{（离散型）}$$

$$\alpha_r = E(X^r) = \int_{-\infty}^{+\infty} x^r f(x)\,\mathrm{d}x \qquad \text{（连续型）} \tag{2.41}$$

事实上，随机变量X的均值EX也就是一阶原点矩，即$\alpha_1 = EX$

（2）中心距

值得注意的是，随机变量的方差也是一种期望值：因为，如果考虑某一离散型随机变量$Y = (X - \mu)^2$，这里μ是X的均值，X亦为离散型随机变量。

$$E(Y) = \sum_{x} (x - \mu)^2 p(X = x) = DX \tag{2.42}$$

当X为一连续型随机变量时，证明过程是类似的。

X的方差在某些时候也被看做X的二阶中心矩。一般地说，以μ为均值的随机变量X的r阶中心矩可以定义为

$$\mu_r = E(X-\mu)^r = \sum_x (x-\mu)^r p(X=x) \quad \text{（离散型）}$$

$$\mu_r = E(X-\mu)^r = \int_{-\infty}^{+\infty} (x-\mu)^r p(x)\mathrm{d}x \quad \text{（连续型）} \tag{2.43}$$

公式(2.41) 可以与公式(2.43) 相比较。

在未知总体分布时，人们可以通过观察得到的样本分布来计算样本矩。样本矩是其总体分布有关矩的估计值。

例2－23 证明以μ为均值的随机变量X的二阶中心矩等于其二阶原点矩减去均值的平方。

证：$E(X-\mu)^2 = E(X^2-2\mu X+\mu^2) = E(X^2)-2\mu E(X)+E(\mu^2)$

$= E(X^2)-2\mu\times\mu+\mu^2 = E(X^2)-\mu^2$

例2－24 若以μ为均值的随机变量的r阶原点矩为α_r，且其r阶中心矩为μ_r，证明

$$\mu_3 = \alpha_3 - 3\alpha_2\alpha_1 + 2\alpha_1^3 \tag{2.44}$$

证：三阶中心矩为

$$\begin{aligned}\mu_3 &= E(X-\mu)^3 \\ &= E(X^3-3\mu X^2+3\mu^2X-\mu^3) \\ &= E(X^3)-3\mu E(X^2)+3\mu^2E(X)-E(\mu^3) \\ &= \alpha_3-3\mu\alpha_2+3\mu^2\alpha-\mu^3\end{aligned}$$

而均值μ也就是一阶原点矩α_1。因而上式等于公式(2.44)。

2.5.3.2 矩母函数

矩母函数是研究随机变量的一个重要工具。它从更一般的角度描述随机变量及其分布，它实际上是一种特别的数学期望，利用它，我们一方面可以很方便地计算出随机变量的数字特征，另一方面，通过比较矩母函数，可以用来判断两个分布是否是同一个分布函数。

(1) 矩母函数的概念

定义 设X为随机变量，若期望$E(\mathrm{e}^{tX})$存在，则称

$$M_x(t) = E[\mathrm{e}^{tX}] \tag{2.45}$$

为X(或它的分布函数) 的矩母函数，记为$M_x(t)$。

若X是连续型随机变量，其密度函数为$p(x)$，则(2.45) 式变为：

$$M_x(t) = \int_{-\infty}^{+\infty} \mathrm{e}^{tx} p(x)\mathrm{d}x \tag{2.46}$$

若X为离散型随机变量，其分布律为：

$$p(x_k) = P(X=x_k) \qquad k=1,2,\cdots$$

则(2.45) 式变为：

$$M_x(t) = \sum_k \mathrm{e}^{tx_k} p(x_k) \tag{2.47}$$

例2－25 设随机变量X服从某分布，其分布律为：

$$p(x) = P(X=x) = C_n^x p^x q^{n-x} \quad x=0,1,2,\cdots,n \quad (0<p<1, q=1-p)$$

求： $M_x(t)$。

解：由(2.47)式：

$$M_x(t) = E[e^{tx}] = \sum_{x=0}^{n} e^{tx} C_n^x p^x (1-p)^{n-x}$$

$$= \sum_{x=0}^{n} C_n^x (pe^t)(1-p)^{n-x}$$

$$= (1-p+pe^t)^n = (q+pe^t)^n$$

$\therefore X$ 的矩母函数为：

$$M_x(t) = (q+pe^t)^n$$

例 2－26 设 X 服从某分布，其分布密度为：

$$f(x) = \beta e^{-\beta x} \quad \beta > 0 \quad x \geqslant 0$$

求：$M_x(t)$。

解：由(2.46)式得：

$$M_x(t) = E[e^{tx}] = \int_0^{+\infty} e^{tx} \beta e^{-\beta x} \, dx$$

$$= \beta \int_0^{+\eta} e^{(t-\beta)x} \, dx$$

$$= \frac{\beta}{t-\beta} e^{(t-\beta)x} \Big|_0^{+\infty}$$

当 $t < \beta$ 时，有 $M_x(t) = -\dfrac{\beta}{t-\beta} = \dfrac{\beta}{\beta-t}$。

当 $t > \beta$ 时，$M_x(t)$ 不存在。

$\therefore X$ 的矩母函数为：

$$M_x(t) = \frac{\beta}{\beta-t} \quad t < \beta$$

(2) 矩母函数的性质

矩母函数的重要性在于，对于一个随机变量，它是唯一的而且完全决定随机变量的分布。由此获得：

性质 1 如果两个随机变量有相同的矩母函数，它们就有相同的分布。

我们前面讲的数字特征实际上都是矩母函数的导函数在 0 点的取值。

对于离散型随机变量的矩母函数求导，有

$$M'_x(t) = \sum_k x_k e^{tx_k} p(x_k)$$

对于连续型随机变量的矩母函数求导，有

$$M'_x(t) = \int_{-\infty}^{+\infty} x e^{tx} p(x) dx$$

当 $t = 0$ 时，上述两式分别为

$$M'_x(0) = \sum_k x_k p(x_k)$$

$$M'_x(0) = \int_{-\infty}^{+\infty} x p(x) dx$$

恰为随机变量 X 的数学期望

即 $\quad M_x'(0) = EX \quad (2.48)$

而 $M_x(t)$ 的二阶导数为

$$M_x''(t) = \sum_k x_k^2 e^{tx_k} p(x_k) \text{ 或}$$

$$M_x''(t) = \int_{-\infty}^{+\infty} x_k^2 e^{tx} p(x) \mathrm{d}x$$

所以当 $t = 0$ 时,有

$$M_x''(0) = EX^2 \quad (2.49)$$

于是有

性质2 如果 $M_x(t)$ 已知,则 X 的 k 阶原点矩为:

$$\alpha_k = \mu_x^{(k)}(0) \quad k = 1,2,3,\cdots \quad (2.50)$$

于是 $\quad DX = M''(0) - [M'(0)]^2 \quad (2.51)$

这些都说明矩母函数 $M_x(t)$ 是数学特征的一种概括。

例2-27 已知 X 的矩母函数为:

$$M_x(t) = (q + pl^t)^n \qquad \text{且知 } p + q = 1$$

求:X 的期望和方差。

解:由性质2知,

$$EX = \alpha_1 = M_x''(0) = npe^t(q + pe^t)^{n-1}|_{t=0} = np$$

$$EX^2 = \alpha_2 = M_x''(0) = npe^t(q + pe^t)^{n-2}(npe^t + q)|_{t=0}$$
$$= n^2p^2 + npq$$

$$\therefore DX = \alpha_2 - \alpha_1^2 = M_x''(0) - [M_x'(0)]^2$$
$$= n^2p^2 + npq - (np)^2 = npq$$

性质3 设随机变量 X 的矩母函数为 $M_x(t)$,则随机变量 $Y = aX + b$ 的矩母函数为:

$$M_x(t) = e^{bt} M_x(at) \quad (2.52)$$

性质4 设 X_1, X_2 为相互独立的两个随机变量,它们的矩母函数分别为 $M_{x_1}(t)$,$M_{x_2}(t)$,则 $X_1 + X_2$ 的矩母函数为:

$$M(t) = M_{x_1}(t) M_{x_2}(t) \quad (2.53)$$

最后,我们指出:如果有多个随机变量,例如,$X_1, X_2, \cdots, X_n$,则称几元实值函数

$$M_{x_1,x_2,\cdots,x_n}(t_1,\cdots,t_n) = E(e^{t_1x_1+\cdots+t_nx_n})$$

为 $X_1, X_2, \cdots, X_n$ 的联合矩母函数。若联合矩母函数存在,则它唯一地决定了 $X_1, X_2, \cdots, X_n$ 的联合分布。

在保险中我们借助于矩母函数知识建立了求理赔分布的矩母函数法。这在后面我们再进一步介绍。

*2.5.4 条件均值,条件方差与偏度

一个随机变量 X 的条件分布,就是在某种给定的条件下 X 的概率分布,如同前面所讲

的条件概率是在一定条件下的概率。我们这里讨论的条件分布是：设有两个随机变量 X 和 Y，在给定了 Y 取某个或某些值的条件下，去求 X 的条件分布。它与无条件的 X 的分布会很不一样。然而这种分布对于弄清 X 如何随 Y 的变化而变化是很重要的，这也就使条件分布成为研究变量之间关系的有力工具。

2.5.4.1　条件分布

（1）离散型随机变量的条件分布

设 (X,Y) 是二维离散型随机变量，其联合概率分布为

$$P(X = x_i, Y = y_i) = p_{ij} \quad i,j = 1,2,\cdots$$

在给定 $Y = y_i$ 下 X 的条件概率为

$$P(X = x_i \mid Y = y_i) = \frac{P(X = x_i, Y = y_i)}{P(Y = y_i)} = \frac{p_{ij}}{P_j} = \frac{p_{ij}}{\sum_i p_{ij}} \tag{2.54}$$

$(i = 1,2,\cdots)$　（$P_j > 0$）是 Y 的边缘分布）

称式（2.54）是给定 Y 的条件下，X 的条件分布。

同样，在给定 $X = x_i$ 下 Y 的条件分布如下：

$$P(Y = y_i \mid X = x_i) = \frac{p_{ij}}{P_i} = \frac{p_{ij}}{\sum_j p_{ij}} \tag{2.55}$$

$(j = 1,2,\cdots)$　（$P_i > 0$ 是 X 的边缘分布）

（2）连续性随机变量的条件分布

设 (X,Y) 是二维连续型随机变量，其联合密度函数为 $f(x,y)$，边缘密度函数分别是 $f_1(x)$ 和 $f_2(y)$。对某一固定值 y，$f_2(y) > 0$ 时，定义

$$f(x \mid y) = \frac{f(x,y)}{f_2(y)} \tag{2.56}$$

且它是非负的，我们称它为在给定 Y 的某一值 y 的条件下，X 的条件密度函数。于是又有

$$F(x \mid y) = \int_{-\infty}^{x} \frac{f(x,y)}{f_2(y)} \mathrm{d}x \tag{2.57}$$

称它为在给定 Y 的某一值 y 的条件下，X 的条件分布函数。

类似地，我们还有另一个条件密度函数：

$$f(y \mid x) = \frac{f(x,y)}{f_1(x)} \tag{2.58}$$

式（2.57）和式（2.58）还可改写为

$$f(x,y) = f_2(y)f(x \mid y) = f_1(x)f(y \mid x) \tag{2.59}$$

这一公式类似于条件概率中的乘法公式。

有了条件密度函数，我们就有了以下的条件概率的公式：

$$p(a < x < b \mid Y = y) = \int_a^b f(x \mid y) \mathrm{d}x$$

$$p(c < y < d \mid X = x) = \int_c^d f(y \mid x) \mathrm{d}y \tag{2.60}$$

2.5.4.2 条件均值

与一般的(无条件)均值类似,随机变量 X 的条件均值,就是在给定某种条件下的均值。我们现在给出条件均值的定义:

在给定另一随机变量 Y 等于 y 的条件下,离散型随机变量 X 的条件均值(或条件期望)为

$$E(X \mid Y = y) = \begin{cases} \sum_i x_i p(X = x_i / Y = y) & \text{离散型} \\ \int_{-\infty}^{+\infty} x f(x \mid y) \mathrm{d}x & \text{连续型} \end{cases} \tag{2.61}$$

条件均值具有一般均值的性质,例如:

$$E[(aX_1 + bX_2) \mid Y = y] = aE(X_1 \mid Y = y) + bE(X_2 \mid Y = y)$$

除此之外,条件均值还有一个重要性质:

条件均值的均值就是(无条件)均值。也就是说,X 的期望值(即 X 的非条件均值)等于在给定 Y 的条件下,X 的条件期望在变量 Y 所有可能取值的期望值。即,

$$E(X) = \sum_y E(X \mid Y = y) P(Y = y) \tag{2.62}$$

或,更精确地说,

$$E(X) = \underset{y}{E}[E(X \mid Y)] \tag{2.63}$$

这个定理在实用中可以这样理解:如果求 EX 较难,我们可以"分两步走",限定某变量 Y 的值后,算出 $E(X \mid Y = y)$,再借助 y 的分布求出 EX,更直观地讲,EX 可看成是总的平均,$E(X \mid Y = y)$ 则是小范围的平均或分组平均,这里的意思是说,总平均是组平均的"平均",当然这里的"平均"是概率意义上的"加权平均"。实践中经常运用这些结果。

例2-28 有一种属例2-16及表2-10所描述的同类型的保险单,其单个索赔额的分布函数为:

$$F(x) = 1 - e^{-0.001x}$$

让我们估计在12个月的有效期中100份保单的赔付支出期望值。

解:从例2-17中我们知道,单个赔款的期望值为1000元。根据定理,我们可以计算出两笔赔款的期望费用为2000元,三笔赔款的期望费用为3000元。这些数字分别是在发生一笔、两笔及三笔赔款条件下的条件赔付费用均值。

根据表2-10,就某一保单来说:

发生一笔赔款的估计概率为 $1414/19412 = 0.0728$;

发生两笔赔款的估计概率为 $620/19412 = 0.0319$

发生三笔赔款的估计概率为 $25/19412 = 0.0013$。

从公式定理中,我们得出每一保单的非条件平均支出额的估计值为

$1000 \times 0.0728 + 2000 \times 0.0319 + 3000 \times 0.0013 = 140.5$

100份保单的总支出等于这100份保单支出额的总和。由于这100个均值是可加的,总赔款费用期望的估计值为14 050元。

2.5.4.3　条件方差

X 为一个离散型随机变量，在随机变量 Y 取值 y 条件下，X 的条件方差为

$$D(X \mid Y = y) = \sum_{x} x^2 P(X = x \mid Y = y) - [E(X \mid Y = y)]^2 \qquad (2.64)$$

这是一个通常的方差公式，只不过条件概率 $P(X = x \mid Y = y)$ 代替了非条件概率 $P(X = x)$ 的位置，条件均值 $E(X \mid Y = y)$ 代替了非条件均值 $E(X)$ 的位置。当 X 为连续型时，其公式也是类似的。

可以证明，X 的非条件方差与以 Y 为条件的 X 的条件方差之间的关系如下式：

$$D(X) = \underset{y}{E}[D(X \mid Y)] + \underset{y}{D}[E(X \mid Y)] \qquad (2.65)$$

例 2-29　估计例 2-28 中 100 份保单的总赔款支出额的标准差。

解：赔款额分布的均值为 1000（如例 2-17）且其方差为 1 000 000。我们知道，每一保单项下的赔款次数分布的估计均值为 0.1406，其方差为 0.1924（见例 2-21）。

以随机变量 Y 表示某一特定保单项下发生赔款的次数，并以 X 代表该保单的总赔付支出额。某一笔赔款支出额的方差为 1 000 000，且根据独立随机变量方差的可加性定理，我们可以得出这样的结论，即某一特定保单项下发生 Y 次彼此独立的赔款时总支出额的方差等于 1 000 000Y。也即，

$$D(X \mid Y) = 10\ 000Y$$

同样，我们又可利用均值可加性原理，得出

$$E(X \mid Y) = 1000Y$$

根据(2.65)可计算出 X 的非条件概率为

$$D(X) = E(1\ 000\ 000Y) + D(1000Y)$$

用前面公式我们推出

$$D(X) = 1\ 000\ 000E(X) + (1000)^2 D(Y)$$

Y 的期望值与方差值尚未可知，但我们已从例 2-16 及例 2-21 中了解到它们的估计值分别为 0.1406 和 0.1924。因此，我们计算出 X 的方差估计值为

$$1\ 000\ 000 \times 0.1406 + (1000)^2 \times 0.1924 = 333\ 000$$

这是某一保单总支付额的方差的估计值。

该项保险责任共由 100 份这样的保单组成，保单之间是相互独立的。根据相互独立的随机变量的总和的方差具有可加性这一法则，整个保险责任总支出额的方差估计值是：

$$100 \times 333\ 000 = 33\ 300\ 000$$

从而，我们所想要知道的该保险责任总支出额的标准差估计值就等于，

$$\sqrt{3\ 3300\ 000} = 5771 \text{ 元}$$

2.5.4.4　偏度

用图 2-12 给出的两个连续型随机变量的概率密度函数，分析知道，第一个分布是对称的，而第二个分布则非常偏斜，其“尾”向右延伸较长。一般保险业中应用的许多概率分布（包括连续型与离散型）都是偏斜的，有一向右伸出的长“尾”。

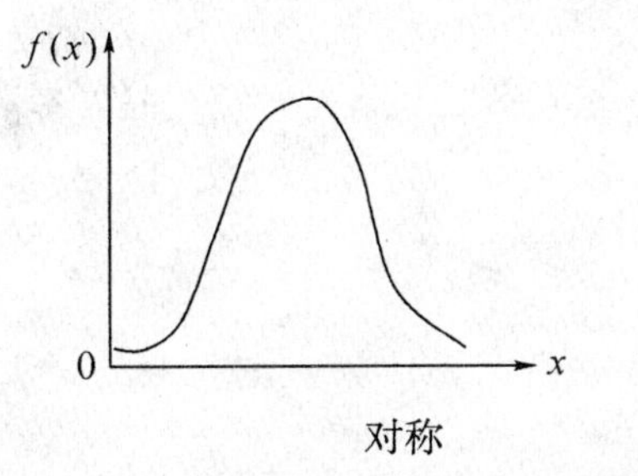

对称

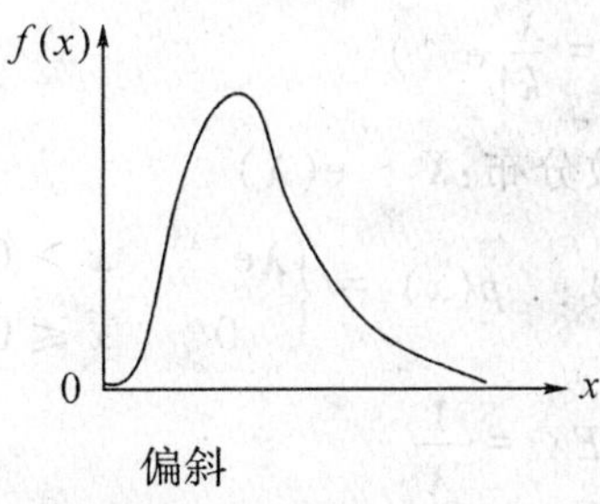

偏斜

图 2－12　两个连续型随机变量的概率密度函数

人们设计了一种测量偏斜度的标志。这一标志通常写作 $\sqrt{\beta_1}$，其定义是该分布三阶中心矩[参见式(2.40)]除以标准差的立方[参见式(2.35)]。当分布是对称时，偏斜标志等于零；当其尾向右延伸时，这一标志为为正数；其尾向左延伸时，偏斜标志取负值。

例 2－30　计算表 2－10 中赔款频率数据样本的三阶中心矩，求出其总体分布偏度的估计值。

解：例 2－16 和例 2－21 中，我们已知关于这些数据的样本一阶和二阶原点矩分别为 0.1406 和 0.2122。样本三阶原点矩为

$$0^3 \times \frac{17\,353}{19\,412} + 1^3 \times \frac{1414}{19\,412} + 2^3 \times \frac{620}{19\,412} + 3^3 \times \frac{25}{19\,412} = 0.3631$$

根据公式，我们又知样本三阶中心矩为

$$0.3631 - 3 \times 0.2122 \times 0.1406 + 2 \times (0.1406)^3 = 0.2792$$

根据例 2－21，该分布的样本标准差等于 0.4386。因此，样本偏度为，

$(0.2792)/(0.4386)^3 = 3.31$

2.5.5　常用的理论概率分布

(1) 二项分布：$X \sim B(n,p)$

概率函数：$P(X = k) = C_n^k p^k q^{n-k}$

$(0 < p < 1, p + q = 1, k = 0,1,2,\cdots,n)$

期望：　$EX = np$

方差：　$DX = npq$

矩母函数：　$M_x(t) = (pe^t + q)^n \quad (-\infty < t < +\infty)$

(2) 泊松分布：$X \sim p(\lambda)$

概率函数：　$P(x = k) = \dfrac{\lambda^k}{k!} e^{-\lambda}$

$(k = 0,1,2,\cdots,\lambda > 0)$

期望：　$EX = \lambda$

方差：　$DX = \lambda$

矩母函数：　$M_x(t) = e^{\lambda(e^t - 1)} \quad (-\infty < t < +\infty)$

泊松定理：设随机变量 $X \sim B(n,p)$（二项分布）(若 $\lim\limits_{n\to\infty} np = \lambda (\lambda > 0)$ 则

$\lim\limits_{n\to\infty} C_n^k p^k q^{n-k} = \frac{\lambda^k}{k!} e^{-\lambda}$)

(3) 指数分布：$X \sim e(\lambda)$

分布密度：$p(x) = \begin{cases} \lambda e^{-\lambda x} & x > 0 \\ 0 & x \leqslant 0 \end{cases}$

期望：$EX = \frac{1}{\lambda}$

方差：$DX = \frac{1}{\lambda^2}$

矩母函数：$M_x(t) = \left(1 - \frac{t}{\lambda}\right)^{-1} \quad (t < \lambda)$

(4) 正态分布

①$X \sim N(\mu, \alpha^2)$

分布密度：$p(x) = \frac{1}{\sqrt{2\pi}\sigma} e^{-\frac{(x-\mu)^2}{2a^2}} \quad (-\infty < x + \infty)$

期望：$EX = \sigma$

方差：$DX = \sigma^2$

矩母函数：$M_x(t) = e^{\mu t + \frac{1}{2}\sigma^2 t^2}$

② 当正态分布中的$\mu = 0, \sigma^2 = 1$时；我们称其为标准正态分布：

标准正态分布：$X \sim N(0,1)$

分布密度：$\varphi(x) = \frac{1}{\sqrt{2\pi}} e^{-\frac{x^2}{2}}$

分布函数：$\Phi(x) = \frac{1}{\sqrt{2\pi}} \int_{-\infty}^{x} e^{-\frac{x^2}{2}} dx$

性质：$\Phi(0) = 0.5$

$\Phi(-x) = 1 - \Phi(x)$

$F(x) = \Phi\left(\frac{x-\mu}{\sigma}\right)$，表示一般正态分布可以化为标准正态分布。

这里对这几个分布仅做了简单介绍，是为下一章做准备。关于这几个分布在第三章会进一步介绍。

习　题

1. 设有甲、乙、丙三间房屋，乙房屋居中，甲房屋、丙房屋分居两侧。每一房屋发生火灾的概率为$\frac{1}{50}$。

(1) 如果甲、乙、丙三间房屋发生火灾与否，相互之间并没有联系，试问甲房屋和乙房屋同时发生火灾的概率为多少？三间房屋同时发生火灾的概率为多少？甲、乙中至少有一间发生火灾的概率为多少？

(2) 假设相邻的两间房屋，其中一房屋发生火灾，使另一房屋发生火灾的概率上升为$\frac{1}{2}$，则甲房屋和乙房屋同时发生火灾的概率为多少？甲、乙、丙同时发生火灾的概率为多少？

(3) 条件同(2)，现在已知乙房屋已发生火灾，试估计三间房屋都发生火灾的概率为多少？如果是已知丙房屋发生火灾了，三间房屋发生火灾的概率又为多少呢？

2. 某人现年20岁，再生存20年的概率为0.9，而现年40岁的人再生存10年的概率为0.8，试求现年20岁的人，在下列情形下的概率：

(1) 再生存30年。

(2) 在50岁以前死亡。

(3) 在40～50岁之间死亡。

3. A、B、C、D 4人，在某一定时间内的死亡概率分别为$\frac{1}{2}$、$\frac{2}{3}$、$\frac{3}{4}$、$\frac{4}{5}$，试求在此一定时间内，下列情况的概率：

(1)4人全部死亡。

(2)4人全部生存。

(3) 至少有1人生存。

(4) 至少有1人死亡。

4. 说明损失的空间概率及损失的时间概率的意义，谈谈它们在保险经营及风险管理中有何作用。

5. 联系保险经营的实际情况，说明概率的意义，说明概率在保险领域内所具有的与一般概率定义的不同之处。

6. 下列数字为某一保险公司有效保单在1980年7月的所有发生赔款的金额：

250元，280元，50元，314元，250元，

90元，450元，180元，150元，250元，

309元，2100元，206元，150元，146元，

220元，300元，50元，220元，688元。

计算样本均值及样本标准差。

7. 表1显示了某保险公司1990年发生的7821件家财险赔案的分组统计情况，试测算：

(1) 平均赔款额，以及赔款额的方差；

(2) 当保险公司接到任意两件索赔时，其中至少有一件索赔的索赔金额大于500元的概率；

(3) 赔款超过500元的索赔概率。

表 1　某保险公司 1990 年家财险索赔分布情况

索赔额(元)	频 数
0 ~ 50	1728
50 ~ 100	1346
100 ~ 200	1869
200 ~ 400	1822
400 ~ 800	907
800 以上	149
合　计	7821

*8. 已知随机变量 X 的矩母函数为：

$M_x(t) = \left(\dfrac{p}{1-qe^t}\right)^r$;$0 > p > 1, q = 1 - p, r$ 为实数,求 X 的均值与方差。

9. 某人任意地投掷硬币 10 次。

(1) 写出国徽向上次数的概率分布。

(2) 求出国徽向上次数不小于 3 的概率。

(3) 求出国徽向上的数学期望。

(4) 计算标准差 σ。

10. 假设某企业明年因火灾而发生损失的损失金额的概率分布如表 2 所示。

表 2　某企业火灾损失金额的概率分布

损失金额(元)	损失概率
0	0.50
500	0.25
1000	0.10
1500	0.08
2000	0.05
2500 以上	0.02

(1) 求该企业明年不发生火灾损失的概率;

(2) 求该企业明年因火灾损失 1500 元以上的概率;

(3) 计算该企业明年因火灾造成的损失金额期望值;

(4) 计算损失的标准差。

*11. 证明例 2 - 29 的解,即证明其方差等于 1 000 000。

*12. 估计表 1 中赔款额分布的偏度 $\sqrt{\beta_1}$。

*13. 已知 X 服从参数为 λ 的泊松分布,(1) 求它的矩母函数;(2) 利用矩母函数求它的期望与方差。

3 保险中的数理统计方法

在保险业界,谁都知道保险与大数法则之间有着密切的关系,无论是在保险教科书上,还是在保险业内人士的交流中,都承认在保险经营中以大数法则为数理依据,不仅是在保费费率的制定和损失概率的计算上,而且还贯穿在整个保险经营运作过程中,尤其是保险经营的理念、保险经营的基本原理的建立均是以大数法则为其理论基础的。但并非每个人都了解其真实的含义,而通常的一种误解是在保险经营中大数法则的作用主要是在保费费率的制定和损失概率的计算上,但事实上,大数法则不但贯穿了整个保险经营运作过程,而且更为重要的是保险的基本原理、保险经营理念(思想方法)的建立均是以大数法则为其理论基础的。

3.1 保险与大数法则

3.1.1 概率论中的大数法则

对于大数法则是概率论的基础理论很多人的认识,主要有两方面认识上的不准确。①把概率的统计定义与大数法则混淆,②把大数法则分为数学意义的大数法则、统计意义的大数法则、保险意义的大数法则的认识上的混乱。

在第一章我们已经知道客观世界里普遍地存在着随机现象,这种现象我们无法利用“因果关系”加以严格控制或准确预测,这种现象是属于偶然性质的,我们也不能用一些简单的物理定律加以概括。事实上我们是从大量观测中综合分析,归纳出一些随机现象的规律:通过观察或试验找到了随机现象的统计规律性,由此我们建立了概率的统计定义。而且在与随机现象发生的不确定性的长期争斗中,积累了经验也悟出它们的内在规律,并以大数法则揭示了内在的规律。

我们已经知道在日常生活中随机现象是非常多的,而且随机现象的发生是不确定的,如果所有条件及力量能预知,则其发生的结果也能正确予以测定。如果能做到这一点,虽然随机现象仍然存在,它仍然会发生,但不确定性将因此消失。如果我们在有了足够的事例供观察的条件下,找到了它们客观存在的规律,这些未知与不测力量将有趋于平衡的自然倾向。那些在个别情形中存在的不确定性或风险将在大数中消失,这一趋于规则性的大数现象形成了大数法则。什么是大数法则呢?大数法则又称大数定律和平均法则,是概率论的基础理论。在随机现象的大量重复出现中,往往呈现几乎必然的规律,这类规律就是大数法则,它是用来说明大量的随机现象由于偶然性相互抵消所呈现的必然数量规律的一系列定理的统称。

“大数法则”就是揭示了随机现象内在的规律性，它是概率论的基础理论之一，所以无论在统计中、在风险中、在保险中都是以概率论中的大数法则为理论依据来解释、分析、建立各方向的思维模式及方法。换句话说，大数法则只有概率论中的大数法则，数理统计方法的建立都是以大数法则为其理论依据。

大数法则研究随机变量和的极限行为。它分为两大部分，一部分是若干个随机变量和的平均的极限定理——大数定理，是一种表现必然性与偶然性之间的辩证的内在联系规律，另一部分是关于独立随机变量之和极限分布为正态分布的中心极限定理。

3.1.2 保险经营中常用的大数定理

在日常生活中，风险事故是非常多的，而且风险事故的发生是不确定的，显然风险事故就是随机现象。由大数法则知道，个别风险发生的不确定性将在大数中消失，这样，虽然风险事故仍然存在，损失仍然会发生，但不确定性将因此消失。保险是经营风险的，显然它将遵循大数法则。下面介绍几个在保险经营中运用较多的大数定理。

3.1.2.1 切比雪夫(Chebyshev)大数定理

设 $X_1, X_2, \cdots, X_n \cdots$ 是由相互独立的随机变量构成的随机变量序列，每一随机变量都有有限的数学期望 $EX_1, EX_2, \cdots, EX_n \cdots$ 及方差 $DX_1, DX_2, \cdots, DX_n \cdots$，并对所有 $k = 1, 2, \cdots$，有 $DX_k < L$，其中 L 是与 k 无关的常数。

则 对于任意的 $\varepsilon > 0$，都有

$$\lim_{n\to\infty} P\left\{ \left| \frac{1}{n}\sum_{k=1}^{n} X_k - \frac{1}{n}\sum_{k=1}^{n} E(X_k) \right| < \varepsilon \right\} = 1$$

其中 $\begin{cases} \dfrac{1}{n}\sum\limits_{k=1}^{n} X_k\text{：}n\text{ 个随机变量的算术平均} \\ \dfrac{1}{n}\sum\limits_{k=1}^{n} E(X_k)\text{：}n\text{ 个随机变量期望的算术平均值} \end{cases}$

这就是切比雪夫大数定理，它说明

尽管随机变量 $X_1, X_2, \cdots, X_n \cdots$ 中的每一个，由于种种偶然因素影响，在各次试验中所取值是以偶然方式变化着，然而，在某些条件下，只要 n 足够大，n 个随机变量的算术平均就服从一个完全确定的规律，即这个算术平均只能围绕一个固定常数取值(期望的算术平均值)，它和这个常数有显著偏差的可能性是很小的。

例 3－1 测量一个长度是 a 的绳子，一次测量的结果不见得就等于 a，但当测量的次数很多时，算术平均值接近于 a 几乎是必然的。

这个例子反映了随机变量的平均结果的稳定性。平均结果的稳定性说明无论个别随机现象的结果如何，或者它们在进行过程中的个别特征如何，大量随机现象的平均结果实际上与每个个别随机现象的特征无关，并且几乎不再是随机的了。切比雪夫大数定理就是以确切的数字形式表达了若干随机变量的平均结果的稳定性这一规律，并论证了它成立的条件。

这一法则运用于保险经营，可说明保险人所收取的纯保费总额与赔偿金总额在数量上应是相等的。

设有 n 个被保险人，同时投保 n 个相互独立的标的，假定每个标的发生损失的概率均为 p。既然每一个标的都有发生损失的可能，则每个被保险人都有获得赔款的可能，其金额是一个随机变量，分别用 $X_1, X_2, \cdots, X_n$ 来表示。所以 n 个被保险人实际获得的赔款总额是 $\sum_{k=1}^{n} X_k$，平均每个被保险人获得的赔款为 $\frac{1}{n}\sum_{k=1}^{n} X_k$。由于每一个标的是相互独立的，所以 $X_1, X_2, \cdots, X_n$ 这些随机变量都是相互独立的，设 $X_1, X_2, \cdots, X_n$ 的期望值为 $E(X_1)$，$E(X_2), \cdots, E(X_n)$，赔款额期望的算术平均值为 $\frac{1}{n}\sum_{k=1}^{n} E(X_k)$。这样，代表金额的随机变量满足了切比雪夫大数定理的条件。所以，当 n 足够大时，平均每个被保险人实际获得的赔款金额与每个被保险人获得赔款金额的期望值的算术平均值相等。

诚然，任何保险公司都不可能承保无穷多个标的，但一家保险公司只要承保足够多的标的，平均每个被保险人实际获得的赔款金额与每个被保险人获得的赔款金额的期望值之间的差异就很小，如果把这种非常小的差异忽略不计，就可以认为二者相等。我们知道，被保险人投保后第一件事就是缴纳保费，才能获得保险保障，那么被保险人应交多少保费呢?一个被保险人所交的纯保费应与他所能得到赔偿金的期望值相等，才能保证保险人在整体上收支相等，也就是说，当收支相等时，平均每个被保险人获得的赔偿金额与每个被保险人能获得的赔偿金额的期望值的算术平均值相等。因此说明，由于每个被保险人都要缴纳相当于其所获得赔款的期望值的纯保费，所以当保险标的数量非常多时，被保险人缴纳的纯保费总额与他们实际获得的赔款总额在数量上是相等的。

上述讨论中有一个非常关键的地方，即被保险人所交纳的纯保费与其所能获得赔款的期望值相等。因此，这个结论反过来则说明保险人应如何收取纯保费。综上所述，切比雪夫大数定理为保险人如何合理地收取纯保费提供了科学的依据。

3.1.2.2　贝努里(Bernoulli)大数定理

贝努里大数定理：

设 μ_n 是 n 次贝努里试验中事件 A 出现的次数，而 p 是事件 A 在每次试验中出现的概率，则对于任意的 $\varepsilon > 0$，都有

$$\lim_{n\to\infty} p\left\{\left|\frac{\mu_n}{n} - p\right| < \varepsilon\right\} = 1$$

(贝努里试验：只有两个可能结果的试验称为贝努里试验。如只有事件 A 发生与事件 A 不发生的试验。)

贝努里大数定理表明，只要 n 充分大，事件 A 发生的频率 $\frac{\mu_n}{n}$ 就会以相当接近于 1 的概率逼近概率 P。这正是在重复试验的次数较大时，可以用事件发生的频率近似地代替概率的理论依据。从相反的角度来说，如果事件 A 的概率已知，我们亦可以大体上预言 n 次重复试验中(n 较大时)事件 A 发生的次数。譬如说，$P(A) = 0.003$，那么可以认为在1000

次重复试验中,大约只能期望 A 发生 3 次,由此又可以推出,在一次试验中事件 A 几乎是不可能发生的。由贝努里大数定理分析可知,若事件发生的概率很小,说明事件发生的频率也很小,即事件很少发生,在实际中概率很小的随机事件在个别试验中几乎是不可能发生的,因此常常忽略了那些概率很小的事件发生的可能性。这个原理叫做小概率事件的实际不可能性原理,也称小概率原理。这样就建立了"大样本,小概率"的模式,它无论在数理统计中还是在实际中都有着重要的应用。

例 3 - 2 掷一颗均匀的正六面体的骰子,出现幺点的概率是1/6,在掷的次数少时,出现幺点的频率可能与1/6 差的很大,但在掷的次数很多时,出现幺点的频率接近1/6 几乎是必然的。

这个例子反映了随机事件的频率的稳定性,由此建立了概率的统计定义。而贝努里大数定理对随机变量的频率稳定性给出了一种数学表示形式,并论证了结论的正确性。

贝努里大数定理对于保险经营及风险管理中如何利用统计资料来估计损失概率是极其重要的。假设某一类标的具有相同的损失概率,为了估计这个概率的值,一般通过以往有关结果的经验求出一个频率——这类标的发生损失的频率,在观察次数很多或观察周期很长的情况下,这一频率将与实际损失概率很接近。

3.1.2.3 普阿松(Poisson) 大数定理

贝努里大数定理要求事件在每一次试验中都以一固定概率发生,这就限制了大数法则使用的灵活性。

设某一事件可能在第一次试验以概率 p_1 发生,第二次试验以概率 p_2 发生,…,第 n 次试验以概率 p_n 发生。用 μ_n 表示 n 次试验中事件发生的次数,则对于任意的 $\varepsilon > 0$,有

$$\lim_{n\to\infty} p\left\{\left|\frac{\mu_n}{n} - \frac{p_1 + p_2 + \cdots + P_n}{n}\right| < \varepsilon\right\} = 1$$

这就是普阿松大数定理,它说明当试验次数无限增加时,其平均概率与观察结果所得的频率两者差异的数值将小于任何充分小的正数 ε 的概率为 1。

普阿松大数定理在保险经营中应用,可以说明尽管各个相互独立的风险单位的损失概率可能各不相同,但只要有足够多的标的,仍可以在平均意义上求出相同的损失概率。为了有足够多的标的,可以把性质相近的各分类的标的集中在一块,分别求出各类标的的损失概率,然后求出一个整体的费率,再用调整法给以调整,使各分类费率更加科学,同时又在整体上保证收支平衡。

3.1.3 大数法则在保险中的作用

由大数法则我们知道,尽管某一事件在一次试验中发生与否是难以测定的,但是只要我们长期观察下去,这一事件就以某种规律发生,而且与我们预期的结果相差无几。大数法则所揭示的是整体规律,它与发生在个别风险单位上的实际结果是不同的。我想这也就是大数法则的涵义。

保险业是以经营风险为对象的,风险的客观存在是保险产生的基础。客观存在的风险具有不确定性,它在时间、空间和损失程度上都是不确定的,即风险是否发生,何时何

地发生，人们事先都无法确定。对于单个风险而言是一种随机现象，而对于风险总体，我们可以用大数法则加以正确测定，把不确定性化为确定性。作为风险管理方式之一的保险，是集合具有同类风险的众多单位和个人，以合理计算分担金的形式，实现对少数成员因该风险事故所致经济损失的补偿行为。可见保险就是利用风险的不确定性在大数中消失的规则来分散风险的。

大数法则在保险经营中的作用在于使保险人明白如何减少风险；可将企业和个人的若干风险转移到保险人，而由保险人集中企业和个人的风险，利用损失发生的相对稳定性，以达到消除不确定性的功能。首先，对于保险公司来说，运用大数法则可以减少乃至消除风险。例如，对于同一类保险，在投保人数n很大时，赔偿金额的平均数与每个人期望赔偿额μ的误差将很小，则保险公司的风险也就相应减小了。其次，当某个所需要求的概率不能通过等可能分析、理论概率分布近似估计等方法加以确定时，则可通过观察过去大量试验的结果而予以估计，即用频率来代替概率。反过来，经估计某项结果得到的频率，可由将来大量试验所得的实际数据而修正，以增加其真实性。再次，保险公司在承保时，整修上的损失概率可由众多类别的损失概率求平均数得到。最后，大数法则可以让人们明白把纯粹风险转移到保险公司后，虽然损失仍然存在，但不确定性可以因此消除。因此可知大数法则是保险经营理念之一。

3.1.3.1 保险公司经营理念贯穿着大数法则

保险公司在经营保险业务时必须注意的基本原理中的：保险是将风险从被保险人向保险人的转移；风险集合包含的个体风险越多，其相对风险越小；不同的被保险人有不同的风险水平；保险人也需要对其所承保的超额风险寻求保险保障，都是以大数法则的思想建立的。

我们提出一个有趣而重要的问题：为什么保险合同只适用于某些风险，而不适用于所有风险？道理很简单，例如，某种风险事故发生，虽然造成的损失不太大，但这风险事故发生的概率很高。若对这样的风险事故进行保险，当保费订的较低，可获得较多的投保人，这满足了汇集大量标的的目的，符合大数法则的要求，即大样本，但这种风险事故发生的概率很高，事故频频发生，保险公司就得付出高额赔偿金会入不敷出；当保费订的较高，因而投保人就少，保险公司就不能再对这个风险事故进行保险。问题出在哪里呢？我们只注意汇集大量标的，而忽略了概率的高低。在讨论贝努里大数定理时引入了小概率原理，建立了“大样本，小概率”的模式，上述出现的问题就是只注意大样本这个条件而忽略了小概率。所以保险公司在对风险事故进行保险时一定要用“大样本，小概率”的模式分析事故，做出是否承保的决策。大数法则中的“大数”具有相对性，当在这个条件下样本较少，我们可以转换角度在另一个条件下使样本增大，使其符合“大样本，小概率”的模式。由此可知保险中的“大数”不仅单纯表现为标的数目之大，通过再保险，还可以表现为保险人数目之大。（关于再保险在此不多议论）

3.1.3.2 保险公司稳定经营的基础是大数法则

众所周知，保险公司同一般的企业经营不同，一是在于企业成本的计算，一般企业成本发生在销售以前，容易取得，再通过销售额的计算就可以得到利润。然而保险公司是在销售产品以后,在保险事故发生的时候产生成本的,即成本是在赔付时产生的。因此保险公司的成本发生就具有不确定性,既不知道赔付何时发生,也不知道赔付为多大。那么就产生了保险公司同一般企业的第二个不同,即有着各种准备金账户,以满足各种成本发生时的支付。那么准备金是怎样产生的呢?怎样才能既不影响赔付的支出,也不影响保险公司的投资呢?这其中又是什么原理使其稳定经营的呢?用大数法则来确定保费的多少,赔付的多少,准备金的多少,可以满足保险公司稳定经营的要求,所以大数法则是保险公司稳定经营的基础。

保险经营中的收支平衡原则是根据大数法则而制定的。首先,当被保险人很多且达到一定数目时,保险人对每个被保险人的将来可能的支出是不确定的,但保险人的支出总额是相对确定的,保险人可以把总的赔偿金额摊到每个被保险人的头上,形成单个被保险人应交纳的保费,于是有了简单的收支平衡:收取的纯保费总额等于赔款支出总额。其次,保险人分摊损失的方式是不同的,但被保险人发生损失的概率大致相近时,保险人可以采取平均分摊损失总额;当被保险人发生损失的多少和概率存在相当大的个体差异时,保险人不能简单的均摊,而是根据被保险人实际的风险水平,风险大多交保费,风险小少交保费,实行差别费率。这样的做法仍然依据的是大数法同。

3.1.3.3　大数法则在保险经营中的现实意义

众所周知,中国是世界上最大的潜在保险市场。中国经济的高速发展,人民生活水平的提高,社会保障体制改革的深化,为中国保险业的发展提供了难得的机遇和广阔的空间。但我们也要清醒地看到,国内保险公司目前在管理、经营理念、产品创新等方面与国际先进企业相比还有一定差距。要想持续健康的发展,要把巨大的潜在市场转变为现实的市场,将取决于保险公司能否提高自身的经营管理水平,能否提供更多更好的服务去满足市场的需要。

保险精算本身不仅是一种科学测算保险业务未来风险的技术,而且还提供了着眼长远,权衡收益,审慎经营的理念。没有精算就没有真正意义上的保险。只有具备了科学的精算理念,中国保险市场才能够真正走向成熟。“大数法则”就是精算基础理论之一,它对保险经营理念的科学性起到了至关重要的作用。每个保险业界人士对于大数法则都应该有个准确认识,这对保险经营管理十分重要。对保险从业人员的素质的提高也是十分必要。

3.2　保险与中心极限定理

在某些条件下,一组相互独立的随机变量 $X_1, X_2, \cdots, X_n$,都不服从正态分布,如果它们的每一项对总和的影响是均匀的,微小的,(即没有一项起特别突出的作用),那它们的总和 $\sum_{k=1}^{n} X_k$ 的分布,在随机变量的个数无限增加($n \to \infty$)时,将趋于正态分布的这一随机变量和的分布的规律,就由中心极限定理以理论上给予了证明。所以关于独立随机变量和的极限分布为正态分布的一系列定理的统称为中心极限定理。

3.2.1 保险中常用的中心极限定理

3.2.1.1 林德贝格——勒维定理

设$X_1,X_2,\cdots,X_n\cdots$为一列独立同分布随机变量，且有$EX_k=\mu$，$DX_k=\sigma^2$　$(\sigma>0,k=1,2,\cdots,n\cdots)$

令$S=\sum\limits_{k=1}^{n}X_k$，则

$$\lim_{n\to\infty}P\left(\frac{S-n\mu}{\lambda\sqrt{n}}\leqslant x\right)=\frac{1}{\sqrt{2\pi}}\int_{-\infty}^{x}\mathrm{e}^{-\frac{t^2}{2}}\mathrm{d}t=\Phi(x)$$

这一重要的定理是由棣马弗(De moivre)在18世纪初期发现的，它表明，若S是n个同样分布的独立随机变量的总和，且每个独立随机变量的均值为μ，标准差为σ，那么，随着n趋于无穷大($n\to\infty$)，标准化的变量$T=\dfrac{S-n\mu}{\sigma\sqrt{n}}$即近似于标准正态分布，而无论$n$个独立随机变量中的每一个变量的分布是否服从正态分布。如果一个随机现象由众多的随机因素引起，每一因素在总的变化里起着不显著的作用，就可以推断这些随机因素的随机变量的和近似服从正态分布。这个定理对离散型和连续型随机变量都适用。换句话说，即使我们不知道某个特定随机变量X服从何种分布，我们也可以知道，当上述随机变量的数目n很大时，其总和S的分布将近似于正态分布，从而使我们可以利用正态查对表。要利用这一定理得出合理精确的计算结果，n应该有多大才行呢?这将取决于变量X分布的形状；当然，还要看什么叫做“合理”。大致而言，在分布的偏性不明显的情况下，n应当不小于25。

由于这一情况很普遍，所以有相当多的一类随机变量遵从正态分布，从而使正态分布成为概率统计中最重要的分布。

3.2.1.2 拉普拉斯定理

设随机变量$X_n\sim B(n,p)$(二项分布)，$(n=1,2,\cdots;0<p<1)$，则对任意实数x有

$$\lim_{n\to\infty}P\left(\frac{X_n-np}{\sqrt{npq}}\leqslant x\right)=\frac{1}{\sqrt{2\pi}}\int_{-\infty}^{x}\mathrm{e}^{-\frac{t^2}{2}}\mathrm{d}t=\Phi(x)$$

这个定理说明，当$n\to\infty$时二项分布$B(n,p)$以正态分布$N(np,npq)$为其极限分布。

由拉普拉斯定理我们还得到

(1) 当n较大时，有

$$\begin{aligned}P(a\leqslant x_n\leqslant b)&=P\left(\frac{a-np}{npq}\leqslant\frac{X_n-np}{\sqrt{npq}}\leqslant\frac{b-np}{\sqrt{npq}}\right)\\&\approx\Phi\left(\frac{b-np}{\sqrt{npq}}\right)-\Phi\left(\frac{a-np}{\sqrt{npq}}\right)\end{aligned}\tag{3.1}$$

(2) 由拉普拉斯定理和泊松定理我们知道正态分布和泊松分布都是二项分布的极限

分布。

对于泊松定理的应用要求当 n 比较大，而 p 相当小（即以 $n\to\infty$，同时，$p\to 0$），以 $np\to\lambda$ 为条件。一般 $n\geqslant 10, p\leqslant 0.1$ 或 $np\leqslant 5$ 用泊松分布近似计算，近似公式为

$$C_n^k p^k q^{n-k}\approx\frac{\lambda^k}{k!}e^{-\lambda}\quad(\lambda = np)\tag{3.2}$$

泊松分布的方便之处在于有现成的分布表。

对于拉普拉斯定理的应用只要求 $n\to\infty$ 这一个条件，但对于 $n\to\infty$，p 很小的二项分布（$np\leqslant 5$）用正态分布近似计算不如用泊松分布近似计算的精确。

中心极限定理解释了（至少是部分解释了）为什么正态分布在统计理论中居核心的地位。对于一般保险业务的大多数险种来说，赔款额的分布都具有明显的偏性，分布的尾巴往往向右延伸较长。若保险公司的某一险种业务将要经历很多次的赔款，我们就可以预期，作为众多个别项赔款支出总和的该业务总支出额是近似地服从正态分布的。这一推论可以合理地解决许多问题。不过，在分布延伸的长尾巴上，可能会存在一些棘手的问题，而分布的尾巴对再保险人来说又是十分重要的。随着 n 的增大，分布趋近于正态的速度相当快。

3.2.2 中心极限定理在保险中应用举例

例3－3 若某类赔款的平均规模为400元，标准差为1000元，计算85笔相互独立的赔款之和大于49 000元的概率。

解：利用独立随机变量的均值与方差的可加性质，可知预期总赔款额的均值为，

$$85\times 400 = 34\ 000$$

其方差为

$$85\times(1000)^2 = 85\ 000\ 000$$

因此，根据中心极限定理，总赔款支出超过49 000元的概率为

$$1-\Phi\left(\frac{49\ 000-34\ 000}{\sqrt{85\ 000\ 000}}\right)=0.015$$

例3－4 银行为支付某日即将到期的债券需预备一笔现金。已知这批债券共发放500张，每张需付本息1000元。设持券人（一人一券）于债券到期之日到银行领取本息的概率为0.4。问银行于该日应准备多少现金才能满足客户的兑换？

解：若银行准备50万元现金，将百分之百地满足客户兑换，但这会占用过多的流动资金，银行不合算。倘若只准备债券本息总额的4成，即20万元，又怕到时可能使过多的持券人领不到现金而影响银行的信誉。那么到底该准备多少现金才行呢？

设 $X_k=\begin{cases}1 & \text{第 } k \text{ 个持券人该日到银行领取本息}\\ 0 & \text{第 } k \text{ 个持券人该日不到银行领取本息}\end{cases}\quad(k=0,1,2,\cdots,500)$

则，该日到银行领取本息的总人数为 $\sum\limits_{k=1}^{500}X_k$，所需现金数为 $1000\sum\limits_{k=1}^{500}X_k$。事实上，所需现金数 $1000\sum\limits_{k=1}^{500}X_k$ 取决于500个随机变量之和 $\sum\limits_{k=1}^{500}X_k$ 的可能取值及其概率分布。

现在我们以使银行能以 99.9% 的把握计算保证债券到期之日满足支付的最低金额 $1000x$。

这相当于求 x,使

$$P\left(\sum_{k=1}^{500} X_k \leqslant x\right) \geqslant 0.999$$

这里 $X_k(k=1,2,\cdots,500)$ 服从二点分布,故

$$EX_k = p = 0.4 \quad DX_k = p(1-p) = 0.24$$

由林德贝格—勒维定理,随机变量 $\sum_{k=1}^{500} X_k$ 近似地服从正态分布 $N(200,120)$。于是

$$P\left(\sum_{k=1}^{500} X_k \leqslant x\right) = P\left(\frac{\sum_{k=1}^{500} X_k - 200}{\sqrt{120}} \leqslant \frac{x-200}{\sqrt{120}}\right)$$

$$\approx \Phi\left(\frac{x-200}{\sqrt{120}}\right) \geqslant 0.999$$

查标准正态分布表,得

$$\frac{x-200}{\sqrt{120}} \geqslant 3.1 \quad 即\ x \geqslant 233.96$$

可见,银行只要准备 23.4 万元就能以 99.9% 的把握满足客户的兑换。

例3-5 某市保险公司开办一年人身保险业务。被保险人需交付保险费16元。若一年内发生重大人身事故,其本人或家属可获得 2000 元赔偿金。已知该市人员一年内发生重大人身事故的概率为0.005,现有5000 人参加此项保险。问公司一年内从此项业务所得到的总收益在 2 万 ~ 4 万元之间的概率有多大?

解:设一年内被保险人发生人身事故的数目为X,则 $X \sim B(5000,0.005)$(二项分布)由题设,公司总收益为2 万 ~ 4 万元相当于“$20 \leqslant X \leqslant 30$”,依拉普拉斯定理,所求概率为

$$P(20 \leqslant X \leqslant 30) \approx \Phi\left(\frac{30-5000\times 0.005}{\sqrt{5000\times 0.005\times 0.995}}\right) - \Phi\left(\frac{20-5000\times 0.005}{\sqrt{5000\times 0.005\times 0.995}}\right)$$

$$= 2\Phi(1) - 1 = 0.6826$$

3.3 非寿险中的数理统计基础

随着人类文明的不断进步,经济理论和应用的水平也在不断提高,人们对经济现象进行研究的手段也越来越精密、先进,使经济分析更为系统、全面、深刻,经济理论的内容也日臻丰富。人们对经济现象的分析,在对其质的探讨中进一步对其作量的分析,于是数量分析成为现代经济学的一个不可缺少的方面。

对经济现象作量的分析,必须对有关现象进行有目的的资料收集、整理,然后在此基础上进行分析和推断。怎样有效地利用有限的资料,排除由于资料不足所引起的随机干

扰,进而作出精确而可靠的结论,这一经济统计分析及预测所面临的实际问题,就借助于数学的数理统计在经济学中的运用,使得经济变量之间的依存关系的定性叙述提供定量分析成为可能和现实。本章主要对非寿险中的统计分析和预测方法作一些介绍。只学习 统计分布的基础。

数理统计是以概率论为其理论基础,以试验或观测结果为依据,对随机现象的统计规律性作出种种合理的估计和推断。从全部研究对象中抽取由一部分个体组成的局部,通过这个局部的特性去推断总体的特性——这就是数理统计的任务。

在数理统计中,总体、样本和统计量为其基本概念。

3.3.1 总体和个体

按统计研究目的而确定的同类事物或对象的全体称为总体。

把组成总体的每个基本元素称为个体。

总体中所含个体的数目称为总体容量,它可以是有限的,也可以是无限的,分别称为有限总体和无限总体。例如,要考察一批灯泡的寿命,则全体灯泡的寿命构成一个总体。再如,对某物体重量进行称量,若只作有限次称量,得到的是一个有限总体,但若一直称量下去,就可得到一个无限总体。当一个有限总体的容量相当大时,可以把它视为无限总体。

总体既可以指同类事物的全体,也可以指满足某种要求的指标的全体,即是能够表示总体特征的数量指标(如灯泡寿命)分布。而总体的范围会根据研究的目的不同而不同。一般我们用 $X(Y,Z)$ 表示总体;把第 i 个个体的指标记为 $X_i(Y_i,Z_i)$,具体的取值记为 $x_i(y_i,z_i)$。如果把灯泡的寿命记为 X,则 X 是一个随机变量。所谓总体就是一个具有特定分布的随机变量,随机变量的分布为总体的分布。对总体的统计推断,就是对随机变量分布情况的推断。

3.3.2 样本

为研究总体 X 的特性,必须对个体进行观测或实验,但在实际中当总体容量很大时,逐一检测每个个体及其某一数量指标是很难实现的。因此,我们总是从总体中抽取出一部分个体进行观察,然后再根据这些个体的特性去推断总体的特性。

在总体 X 中随机抽取 n 个个体 $X_1,X_2,\cdots,X_n$ 称为总体 X 的样本,样本中个体的数目 n 称为样本容量。在抽取之前,样本 $X_1,X_2,\cdots,X_n$ 是 n 个随机变量,亦可看成 n 维随机向量 $(X_1,X_2,\cdots,X_n)$。在抽取之后,样本 $X_1,X_2,\cdots,X_n$ 的观测值 $x_1,x_2,\cdots,x_n$,不再是随机变量而是一组具体数值,称为样本值。

在总体中,抽取样本的目的,是通过样本值的统计规律,来推断总体 X 的特性。因此,我们自然希望抽取的样本尽可能地具有代表性,能够比较全面地反映总体的特性,并且便于用概率的理论进行推断,这就涉及如何从总体中抽取样本的方法问题。为此,要求从总体中抽取的每个个体都是随机的,并且相互独立抽取。随机抽取样本,使每个 $X_i(i=1,2,\cdots,n)$ 与总体 X 同分布,具有代表性;独立抽取,使 $X_1,X_2,\cdots,X_n$ 相互独立,具有独立性。因此有:

定义:若取自总体 X 的样本 $X_1,X_2,\cdots,X_n$ 相互独立且与 X 有相同分布,则称 $X_1,X_2,\cdots,X_n$ 为取自总体 X 的简单随机样本,简称样本。

由于本教材所讨论的都是简单随机样本,因此,今后凡提到样本,均指简单随机样本。抽取简单随机样本的方法是:对于无限总体,只要随机抽取即可;对有限总体,采用有放回重复随机抽样,便可得到简单随机样本。对有限总体,由于有放回随机抽样很不方便,因此,当样本容量相对总体容量很小时,也可采用无放回随机抽样,将这样得到的样本也视为简单随机样本。样本容量 n 的大小,反映样本带来总体信息量的多少。一般地,将样本容量 $n \geqslant 30$ 的样本称为大样本;$n < 30$ 的样本称为小样本。

根据定义,若总体 X 的分布已知,就可求出样本 $X_1,X_2,\cdots;X_n$ 的联合分布。

若总体 X 是连续型随机变量,其概率密度函数为 $p(x)$,分布函数 $F(x)$,则样本 $X_1,X_2,\cdots,X_n$ 的联合密度函数为:

$$p(x_1,x_2,\cdots,x_n) = p(x_1)p(x_2)\cdots p(x_n) = \prod_{i=1}^{n} p(x_i) \tag{3.3}$$

$$F(x_1,x_2,\cdots,x_n) = \prod_{i=1}^{n} F(x_i) \tag{3.4}$$

若总体 X 是离散型随机变量,其分布律为 $p(x) = P\{X = x\}$,则样本 $X_1,X_2,\cdots,X_n$ 的联合分布律为

$$p(x_1,x_2,\cdots,x_n) = p(x_1)p(x_2)\cdots p(x_n) = \prod_{i=1}^{n} p(x_i) \tag{3.5}$$

3.3.3 统计量

在总体中抽取样本的目的就是利用样本研究和推断总体的特性。当我们抽取样本后,总是综合每个个体 x_i 的信息来反映总体 X 的特性。为此我们需要构造样本的函数——统计量,而不仅仅是利用样本观测值。

定义:若 $X_1,X_2,\cdots,X_n$ 是取自总体 X 的一个样本,$T = T(X_1,X_2,\cdots,X_n)$ 是样本的连续函数,如果 $T = T(X_1,X_2,\cdots,X_n)$ 中不含未知参数,则称 $T(X_1,X_2,\cdots,X_n)$ 为统计量。

统计量的主要特点就是 T 中不包含任何未知参数和 T 是样本的连续函数。

由定义可知,统计量是随机变量。样本的数字特征都是统计量。如果 $x_1,x_2,\cdots,x_n$ 是一组样本观测值,则 $T(x_1,x_2,\cdots,x_n)$ 是统计量 $T(X_1,X_2,\cdots,X_n)$ 的值,称为统计量的观测值。

常用的统计量有:

(1) 样本均值

$$\bar{X} = \frac{1}{n}\sum_{i=1}^{n} X_i \tag{3.6}$$

(2) 样本方差

$$S^2 = \frac{1}{n}\sum_{i=1}^{n} (X_i - \bar{X})^2 \tag{3.7}$$

或

$$S^2 = \frac{1}{n}\sum_{i=1}^{n} X_i^2 - (\bar{X})^2 \tag{3.8}$$

(3) 样本标准差(样本均方差)

$$S = \sqrt{S^2} = \sqrt{\frac{1}{n}\sum_{i=1}^{n}(X_i - \bar{X})^2} \tag{3.9}$$

(4) 样本修正方差

$$S^{*2} = \frac{1}{n-1}S^2 = \frac{1}{n}\sum_{i=1}^{n}(X_i - \bar{X})^2 \tag{3.10}$$

(5) 样本修正标准差(样本修正均方差)

$$S^{*} = \sqrt{\frac{1}{n-1}\sum_{i=1}^{n}(X_i - \bar{X})^2} \tag{3.11}$$

(6) 样本 k 阶原点矩

$$a_k = \frac{1}{n}\sum_{i=1}^{n}X_i^k \quad (k = 1,2,\cdots) \tag{3.12}$$

当 $k = 1$ 时,一阶原点矩就是样本均值,即 $a_1 = \bar{X}$。

(7) 样本 k 阶中心矩

$$\mu_k = \frac{1}{n}\sum_{i=1}^{n}(X_i - \bar{X})^2 \quad (k = 1,2,\cdots) \tag{3.13}$$

当 $k = 2$ 时,二阶中心矩就是样本方差,即 $\mu_2 = S^2$。

设 $X_1, X_2, \cdots, X_n$ 为总体 X 的容量为 n 的样本,$x_1, x_2, \cdots, x_n$ 为样本 $X_1, X_2, \cdots, X_n$ 的观察值,于是

$$\bar{X} = \frac{1}{n}\sum_{i=1}^{n}X_i, S^2 = \frac{1}{n}\sum_{i=1}^{n}(X_i - \bar{X})^2$$

为样本均值和样本方差的观察值。

这里我们再给出一个重要概念:自由度。

设随机变量中所含独立随机变量的个数是 n,若这些独立随机变量受到 k 个约束条件的限制,自由度就为 $n - k(k = 0,1,2,\cdots)$。即所谓自由度,可以理解为独立取值的变量个数。

习　题

1. 谈谈大数法则在保险中的作用。

2. 用大数法则说明一个保险问题。

3. 分别说明切比雪夫大数法则、贝努里大数法则、普阿松大数法则以及它们各自在保险经营中的作用。

4. 保险上的风险要具有“可测性”,你是怎样理解风险的可测性的?试用大数法则说明对风险的测定。

5. 某工厂拥有6辆汽车,假设每辆车在一年内至多只发生一次损失,且各自相互独立具有相同的损失概率 $p = 0.1$,试建立该工厂汽车损失次数的概率分布。

6. 假设一年中,某类保险者里面每个人的死亡概率等于0.005,现有1000人参加这

类保险,试求在未来一年里,在这些被保险者里面有10人死亡的概率,并利用普阿松分布求其近似值。

7. 根据统计资料,某一集团中平均每年有3人死亡,试利用普阿松分布求出这个集团中明年死亡人数在5个以内的各概率,并列表表示其概率分布的情况。

8. 二项分布及普阿松分布在保险经营及风险管理中各有什么作用?在使用时应注意什么?它们各有什么特点?

9. 联系一个实例,说明正态分布在保险经营及风险管理中的重要作用。

10. 某类汽车保险,有10 000人投保,如果每辆车因意外事故发生损失的概率为0.003,且各辆车是相互独立的,试求:

(1) 明年有20辆车发生损失的概率。

(2) 明年汽车发生损失次数在20 ~ 40之间的概率。

(3) 汽车损失数在50辆以上的概率。

11. 如果某企业平均每年有5000元意外损失,其损失的标准差为500元。在相同条件下,该企业明年的意外损失在7000元以上的可能很大吗?为什么?

4 利息度量及确立年金

4.1 利息度量及基本计算

利息可以定义为资本借入者因使用资本而支付给资本借出者的一种报酬。也可以说,利息是资本借入者支付给资本借出者因放弃资本的使用,所发生的损失的一种租金。从理论上讲,资本和利息可以是货币,也可以不用货币度量。但是,本节所考虑的资本和利息均限于货币,且内容将重点涉及利息的度量及其不同利息度量下的有关的计算问题。

利息的度量就是怎样获得利息。它涉及一些基本概念:

本金:最初投资,孳生利息的款项称为本金;

利息:货币资金使用者在经济活动中获得利润部分;

累积额(本利和):把本金经过一定时期后形成的金额,也称为终值。

本利和 = 本金 + 利息

$$A = K + I$$

4.1.1 终值函数

4.1.1.1 终值函数

当利率一定,时期不同,一般终值也在变化;即使时期相同,利息的不同度量或相同利息度量但不同的利息率,终值也会有所差异。

一个货币单位的本金从投入之日起,经过时期 t 后的终值称为终值函数.

在已知本金和确定利息度量方式下随着时间 t 变化的函数,记作 $a(t)$。

(1)终值函数的性质

① $a(0)=1$　投入本金 1 后的立刻终值,等于本金的值。

② $a(t)$ 是随 t 的增加而增加,在利息计量中通常 $a(t)$ 为负数的情形忽略不讨论。另外,一定时期内允许 t 有一定变化,但不影响 $a(t)$ 的值。$a(t)$ 一般是关于 t 的非严格递增函数。

③当利息连续产生时,$a(t)$ 是 t 的连续函数。

(2)量(累积)函数定义

k 个货币单位本金($K>0,K\neq1$),从投入之日起,经过时期 t 后的终值,称为(累积)数量函数,记作 $A(t)$。

当 $t=0$ 时　$A(0)=k$　即说明 $A(t)$ 实质是本金为 K 的终值函数。

(3) $A(t)$ 与 $a(t)$ 的基本关系

$A(t) = Ka(t)$　($K>0, K\neq 1$, K 为常数)

从而　$A(t) = A(0)a(t)$　　所以 $a(t)=\dfrac{A(t)}{A(0)}$

这个式子表示:本金 1 经过 t 年后的价值,或者单位货币的价值。

4.1.1.2　用利息率度量利息

设 $I(t)$ 为利息函数,则有 $I(t) = a(t) - a(0)$ 或 $= A(t) - A(0)$,

所以　$A(t) = A(0) + I(t)$

衡量资金生息水平的指标就是利息率。它表示单位本金在单位时间内所孳生的利息。这里我们再引入实际利率的概念:

设单位时间为 1 年,一年内 1 单位本金的利息就是实际利率,记作 i_t。

$$i_1 = a(1) - a(0) = \frac{A(1)-A(0)}{A(0)} \tag{4.1}$$

当 $t = n$(年)　第 n 年的利息率

$$i_n = \frac{a(n)-a(n-1)}{a(n-1)} = \frac{A(n)-A(n-1)}{A(n-1)} \tag{4.2}$$

其中:$A(n)-A(n-1)$

或者 $a(n)-a(n-1)$ 表示第 n 年的利息。

4.1.2　已知利息率 i,对终值函数的计算

下面讨论不同利息率度量利息方式下,$a(t)$ 的计算。

4.1.2.1　已知单利率 i,求 $a(t)$

单利是投入本金经过一定的时期,按照一定的利率在本金上计息,但在下期结算利息时,上期所结算的利息并不随同本金计算。即利上无利。

$a(t)$ 的计算:

(1)当 t 为整数年,若本金为 1,单利率 i,经过时期 t 后的终值:$a(t) = 1+it$。

(2)当 t 为非整年数时,令 $t = K+S$, K 为整年数,S 为分数年(实际天数)

确切计算法:$a(t) = 1 + iK + \dfrac{\text{实际天数 } S}{365} \times i$

普通计算法:$a(t) = 1 + iK + \dfrac{\text{实际天数 } S}{360} \times i$

其中:S 的计算,按超过一个月的,每月 30 天计算;不足一个月的,按实际天数计算。

银行家法则:$a(t) = 1 + iK + \dfrac{\text{实际天数 } S}{360} \times i$

其中:S 按实际天数计算。

单利率 i 计算利息及终值的特点:

(1)单利每年得到的利息均为$A(0)i$,t年得到的利息总额为$A(0)it$。

(2)每年利息额随$a(t)$的增大保持恒定。

(3)实际利息率随t的增加而减少,因为在单利条件,实际利率为:

$$i_n=\frac{a(n)-a(n-1)}{a(n-1)}=\frac{i}{1+i(n-1)}<1$$

上式说明,由于每年的利息不再产生利息,时间n越大,实际利率i_n越小。一般地,$i_n\neq i$。

实际利息率是指一年计息或结算一次的年利息率。

(4)单利条件下终值函数的变化率是一常数。

设时期为$t+s$, t、s为任意的正实数。

又设1元本金经过$(t+s)$时期赚取的利息为$(t+s)I = ti+si$,推证得到:

$$a(t+s) = a(t)+a(s)-1$$

单利条件终值函数的变化率(在时刻t):

$$a'(t)=\lim_{\varepsilon\to 0}\frac{a(t+\varepsilon)-a(t)}{\varepsilon}$$

$$=\lim_{\varepsilon\to 0}\frac{[a(t)+a(\varepsilon)-1]-a(t)}{\varepsilon}$$

$$=\frac{a(\varepsilon)-1}{\varepsilon}=a'(0)\quad(\text{在 } t=0 \text{ 时的导数值})$$

结论:单利条件下终值函数的变化率是一个常数。

对上式关于t积分　有$\int_0^t a'(s)\mathrm{d}s = \int_0^t a'(0)\mathrm{d}s$　计算得

$$a(t)-a(0) = a'(0)\cdot t$$

获得　$a(t) = a(0)+a'(0)\cdot t = 1+a'(0)t$

令$t = 1$　上式化为$a(1) = 1+a'(0) = 1+i$

于是得到　$a'(0) = i$

用数学方法推出单利条件下的终值函数

$$a(t) = 1+it\qquad(t\text{ 为任意正实数})$$

例4-1　在单利的年利率为百分之五时,试计算2000元本金9个月的终值,2年3个月的终值?

解:2000元本金9个月的终值:$2000(1+0.75\times 0.05) = 2075$(元)

2000元本金2年3个月的终值:$2000(1+2.25\times 0.05) = 2225$(元)

例4-2　某人于2006年1月8日将800元存入银行,银行存款按年单利率4%计息。若该人于2006年3月28日取出银行的存款,问按银行家法则计算可取多少本利和?

解:按银行家法则计算终值的公式:

$$a(t) = 1+iK+\frac{\text{实际天数 } S}{360}\times i$$

所求值为:$800(1+\frac{79}{360}\times 0.04) = 807.02$(元)

4.1.2.2 已知复利率 i，求 $a(t)$

复利是除本金计算利息外，所生利息也计算利息。复利严格的定义是：投入本金经过一定的时期，按照一定的利率在本金上计算利息后，并将年结算的利息并入本金，在下期结算利息时，随同本金一并计算。即利上加利。

设本金为1，已知复利率为 i，计算经过时期 t 后的终值（函数）为

$$a(t)=(1+i)^{t} \tag{4.3}$$

下面用数学方法推出复利条件下的终值函数：

设时期为 $t+s$，t、s 为任意的正实数。又设1元本金，经过时期 $(t+s)$ 后的终值，就是1元本金经过时期 t 后的累积值再投资 s 时期所形成的累积值。即

$$a(t+s)=(1+i)^{t+s}=a(t)\cdot a(s)\quad t\geqslant 0,s\geqslant 0$$

于是 $$a'(t)=\lim_{\varepsilon\to 0}\frac{a(t+\varepsilon)-a(t)}{\varepsilon}$$

$$=\lim_{\varepsilon\to 0}\frac{a(t)a(\varepsilon)-a(t)}{\varepsilon}$$

$$=a(t)\lim_{\varepsilon\to 0}\frac{a(\varepsilon)-1}{\varepsilon}$$

$$=a(t)\cdot a'(0)$$

所以 $$a'(0)=\frac{a'(t)}{a(t)}=[\ln a(t)]'$$

对上式两边关于 t 积分　有 $\int_0^t[\ln a(s)]'\mathrm{d}s=\int_0^t a'(0)\,\mathrm{d}s$，计算得

$$\ln a(t)=t\cdot a'(0)$$

令 $t=1$ 且 $a(1)=1+i$ 有

$$\ln a(1)=a'(0)=\ln(1+i)$$

于是 $\ln a(t)=t\cdot\ln(1+i)=\ln(1+i)^{t}$ 推证得到

$$a(t)=(1+i)^{t}$$

复利率 i 计算利息及终值的特点：

（1）实际利息率随 t 的增加而恒等 i，因为在复利条件，实际利率为

$$i_n=\frac{a(n)-a(n-1)}{a(n-1)}=\frac{(1+i)^{n}-(1+i)^{n-1}}{(1+i)^{n-1}}=i$$

（2）$a(t)$ 随着时间 t 的增大而增值，每年利息额随 $a(t)$ 的增大而增大。

例4-3　在复利的年利率为百分之五时，试计算2000元本金9个月的终值，2年3个月的终值？

解：2000元本金9个月的终值：$2000\times(1+0.05)^{0.75}=2074.54$（元）

2000元本金2年3个月的终值：$2000\times(1+0.05)^{2.25}=2232.06$（元）

将例4-1和例4-3比较有：当时期不足1年，单利的累积值较大；当时期超过1年，复利的累积值较大。

（3）并非在任何情况下，复利总比单利产生更多得利息，计息不足1年，单利产生更

多的利息。

(4) 在初始本金一定的条件下,单利在相等的时间区间内有相等的利息;而复利在相等的时间区间内有相等的增长率。

例4-4 某人投入本金100元,复利率是4%,那么这个人从第六年到第十年的五年间共赚得多少利息?

解:设所求利息I,则

$$I = 100(1+4\%)^{10} - 100(1+4\%)^{5}$$
$$= 100(1.48 - 1.22)$$
$$= 26.00(\text{元})$$

4.1.2.3 已知名义利息率$i^{(m)}$,求$a(t)$

名义利息,又称虚利息,以利息率计算利息额时,若计息的单位期间不满一年,而按单纯的比例关系将它换算为一年的利息率,称为(年)名义利息率。

一年内计息m次的名义利息率,记作$i^{(m)}$。m是一年结算的次数。一年内的每$\frac{1}{m}$年结算一次,一年内的每$\frac{1}{m}$年的利息率为$\frac{i^{(m)}}{m}$。

在名义利息率$i^{(m)}$条件下,一年末本金1的终值为:

$$a(1) = \left(1+\frac{i^{(m)}}{m}\right)^{m} \tag{4.4}$$

经时期t后,本金1的终值为:

$$a(t) = \left(1+\frac{i^{(m)}}{m}\right)^{mt} \tag{4.5}$$

以年实际利息率i计算一年末本金1的终值为$1+i$,于是有

$$1+i = \left(1+\frac{i^{(m)}}{m}\right)^{m}$$

由此得到两个重要关系式

用名义利息率表示年实际利息率: $i = \left(1+\frac{i^{(m)}}{m}\right)^{m} - 1$ (4.6)

用年实际利息率表示名义利息率: $i^{(m)} = m[(1+i)^{\frac{1}{m}} - 1]$ (4.7)

例4-5 某人存入银行1000元,按年利息率5%计息,存入期限为10年,求:年利息率每年计息一次,到期时的本利和,以及年利息率每年计息四次,到期时的本利和。

解:年利息率每年计息一次,到期时的本利和为:

$$A(10) = 1000a(10) = 1000\cdot(1+5\%)^{10} = 1628.89(\text{元})$$

年利息率每年计息四次,到期时的本利和为:

$$A(10) = 1000a(10) = 1000\cdot\left(1+\frac{5\%}{4}\right)^{4\times10} = 1643.62(\text{元})$$

4.1.3 现值函数

前面研究的是本金和利息率均已知的条件下的终值函数 $a(t)$ 的概念和计算。现在我们研究与之相对的问题,已知利息率和终值,求终值在投入之初的值(本金)为多少?终值在投入之初的值也称现值。

现值函数是指一个货币单位的终值,在时期长度之初的现值。通常设时期 t 末的终值为 1 个货币单位,用符号 $a^{-1}(t)$ 表示时期 t 之初的(贴现)现值函数。进一步,当终值为 K 个货币单位($K \neq 1$),时期为 t,在期初的(贴现)现值函数记作 $A^{-1}(t)$。

(1) 现值函数的性质

① $a^{-1}(t)$:1 个单位的累积值,在 t 年前的值就等于本金。

② $a^{-1}(t)$ 和 $A^{-1}(t)$ 是随 t 的增加而递减。另外,一定时期内允许 t 有一定变化,但不影响的值 $a^{-1}(t)$。$a^{-1}(t)$ 一般是关于 t 的非严格递减函数。

③ 当利息连续产生时,$a^{-1}(t)$ 是 t 的连续函数。

(2) $A^{-1}(t)$ 与 $a^{-1}(t)$ 的基本关系

设 当 $t = 0$ 时,$A(0) = k$ (本金),$a(t)$ 为 1 单位元本金在 t 年末的终值,

于是有 $A(t) = A(0)a(t)$,所以 $A(0) = \dfrac{A(t)}{a(t)}$

若令 $A(t) = 1$,推出 $A(0) = \dfrac{1}{a(t)}$

这个式子表示:本金$\dfrac{1}{a(t)}$

经过 t 年后的终值是 1 个单位货币的现值是$\dfrac{1}{a(t)}$

也就是 1 个单位的累积值,在 t 年前的现值函数。

④ 求终值的过程为累积过程,求现值的过程为贴现过程,贴现过程与累积过程是互逆的。

4.1.4 已知利息率 i,对现值函数的计算

下面讨论不同利息率条件下,由 $a(t)$ 计算 $a^{-1}(t)$

(1)γ 贴现(折现) 因子

若令 $a(1) = 1 + i = 1$,则推出 $a^{-1}(1) = \dfrac{1}{1+i}$ 表示一年末的 1 单位元终值,在年初的现值为$\dfrac{1}{1+i}$。记为 $V = \dfrac{1}{1+i}$, 称 V 为折现或贴现因子;相对应的,$(1+i)$ 被称为累积或终值因子。

(2) 已知单利率 i 条件下,求 $a^{-1}(t)$

由 $a(t) = 1 + it$,推出 $a^{-1}(t) = (1 + it)^{-1}$

(3) 已知复利率 i 条件下,求 $a^{-1}(t)$

由 $a(t)=(1+i)^t$,推出 $a^{-1}(t)=\dfrac{1}{(1+i)^t}=V^t$ (4.8)

例 4-6 假设已知年利率为百分之五时,试分别用单利、复利方式计算如下情况下期初的本金应该是多少?

(1) 在 9 个月末的终值为 2000 元。(2) 在 2 年 3 个月后的终值为 2000 元。

解:(1) 在 9 个月末的终值为 2000 元,期初的本金

单利:$2000\times\dfrac{1}{1+0.75\times0.05}=1927.71$(元)

复利:$2000\times\dfrac{1}{(1+0.05)^{0.75}}=1928.14$(元)

(2) 在 2 年 3 个月后的终值为 2000 元,期初的本金

单利:$2000\times\dfrac{1}{1+2.25\times0.05}=1797.95$(元)

复利:$2000\times\dfrac{1}{(1+0.05)^{2.25}}=1792.07$(元)

4.1.5 贴现及贴现率

(1) 贴现额

如果应在将来某时期支付的金额提前在现在支付,则支付额中应扣除一部分金额,这个扣除额称为贴现额。

贴现和利息的区别在于分析的出发点不同。利息是在本金基础上的增加额,贴现是在累积额基础上的减少额。

(2) 贴现率

资金贴现水平指标用贴现率表示。贴现率定义为单位货币额在单位时间内的贴现额,记作 d。若单位时间以年度为单位,贴现率为年实际贴现率。

一般 $d=d_1=\dfrac{A(1)-A(0)}{A(1)}=\dfrac{a(1)-1}{a(1)}$ (4.9)

第 n 年的实际贴现率:$d_n=\dfrac{a(n)-a(n-1)}{a(n)}=\dfrac{A(n)-A(n-1)}{A(n)}$ (4.10)

所谓实际贴现率,即一年贴现一次的年贴现率,或者是全年贴现额与到期日应付额的比率。

(3) 贴现率与利率、贴现因子的关系

令 $t=1$ 时,$a(1)=1+i$ 于是有

$$d=\frac{a(1)-1}{a(1)}=\frac{i}{1+i}$$

因为 $1+i>i$ 有 $d<i$

现在一元货币,在一年前的现值 V,正是在一元货币基础上减去贴现额 d 。

即 $V=1-d$ 进一步

有 $d = 1 - V$ 及

$$d = \frac{i}{1+i} = i\frac{1}{1+i} = i \cdot v \tag{4.11}$$

又由式(4.11) 推出

$$d = i - id,\ id = i - d,\ i = \frac{d}{1-d} \tag{4.12}$$

4.1.6 已知贴现率，求 $a^{-1}(t)$

在这里，只讨论按贴现率扣除的方法计算贴现。这种方法通常称为一般贴现法，以区别于按利率扣除计算贴现的真贴现法。未特别申明，均假定时期 t 末的终值为 1 元，讨论在不同贴现率下时期 t 初的现值函数。

(1) 已知单贴现率 d，求 $a^{-1}(t)$

在单贴现率条件下，以到期日应付额为基准，算出单位贴现期间的折扣额的方法，就是单贴现法。有：

$$a^{-1}(t) = 1 - d \cdot t$$

(2) 已知复贴现率 d，求 $a^{-1}(t)$

在复贴现率条件下，复贴现就是以最初的单位期间的贴现现值当做次期的到期应付额，反复贴现的方法。据此有：

$$a^{-1}(t) = (1-d)^t = v^t$$

在实际贴现率条件下，

$$a^{-1}(t) = (1-d_1)(1-d_2)\cdots(1-d_t)$$

特别地，当 $d_1 = d_2 = \cdots = d_t = d$ 时，就为

$$a^{-1}(t) = (1-d)^t = v^t$$

(3) 已知名义贴现率 $d^{(m)}$，求 $a^{-1}(t)$

一般地，用贴现率计算贴现额时，若贴现的单位期间不满一年，而按单纯的比例关系将它换算为一年的贴现率，称为(年) 名义贴现率。

一年内贴现 m 次的(年) 名义贴现率，记作 $d^{(m)}$。m 是一年贴现的次数。一年内的每 $\frac{1}{m}$ 年贴现一次，一年内的每 $\frac{1}{m}$ 年的贴现率为 $\frac{d^{(m)}}{m}$。

在名义贴现率 $d^{(m)}$ 条件下，一年初的现值为：

$$a^{-1}(1) = \left(1 - \frac{d^{(m)}}{m}\right)^m \tag{4.13}$$

经时期 t 后，那么 t 年初的现值为：

$$a^{-1}(t) = \left(1 - \frac{d^{(m)}}{m}\right)^{mt} \tag{4.14}$$

以年实际贴现率 d，计算一年初的现值为 $V = 1 - d$　于是有

$1 - d = \left(1 - \frac{d^{(m)}}{m}\right)^m$　由此得到两个重要关系式

用名义贴现率表示年实际贴现率： $d=1-(1-\frac{d^{(m)}}{m})^{m}$ (4.15)

用年实际贴现率表示名义贴现率：

$$d^{(m)}=m[1-(1-d)^{\frac{1}{m}}]=m(1-v^{\frac{1}{m}}) \quad (4.16)$$

进一步,还可以推正出名义利息率与名义贴现率的关系：

$$i^{(m)}=(1+i)^{\frac{1}{m}}d^{(m)} \quad (4.17)$$

4.1.7 已知贴现率,求 $a(t)$

现在假定投入本金1,在贴现率 d 的条件下,经过时期 t 以后的终值 $a(t)$ 表示为：

(1) 在单贴现率条件下, $a(t)=(1-d\cdot t)^{-1}$ (4.18)

(2) 在复贴现率条件下, $a(t)=(1-d)^{t}$ (4.19)

(3) 在实际贴现率条件下,对应 d_n,取 $n=1,2,\cdots,t$. 有

$$a(t)=(1-d_1)^{-1}\cdot(1-d_2)^{-1}\cdots(1-d_t)^{-1}$$

当 $d_1=d_2=\cdots=d_t=d$,即为: $a(t)=(1-d)^{t}$

(4) 在名义贴现率 $d^{(m)}$ 条件下, $a(t)=(1-\frac{d^{(m)}}{m})^{-mt}$ (4.20)

以一年计息 m 次和一年贴现 n 次分别计算年初的1元在年末的终值,有如下关系：

$$(1+\frac{i^{(m)}}{m})^{m}=(1-\frac{d^{(n)}}{n})^{-n} \quad (4.21)$$

例4－7 某人准备向一公司贷款10 000元,贷款期限两年,该公司要求第一年按实际年贴现率6% 计息,第二年按贴息两次的8% 的名义年贴现率计息,问此人年初实际可贷款多少元?

解:设可贷款额为 R,则

$$R=10\,000(1-\frac{8\%}{2})^{2\times1}(1-6\%)=8663.04(\text{元})$$

*4.1.8 已知利息力,求 $a(t)$ 或 $a^{-1}(t)$

4.1.8.1 利息力

实际利息率和名义利息率,在实际中有着广泛的应用,大多数涉及利息的问题,其利息由它们来度量。但是在理论上,或者实际中的某些问题,需要度量某一时刻或某个微小区间的利息。此时,实际利息率和名义利息率均表现出一定的局限性。因此,在某个时刻 t 的利息,通常用利息力来度量。利息力简称息力。

(1) 如果以结算次数为出发点,用符号 δ 表示时刻 t 的利息力,那么有利息力

定义(ⅰ):对于 $i^{(m)}$,当结算次数 $m\to\infty$ 时,表示某个时刻 t 上的利率水平,称利息力。

即 $\delta=\lim\limits_{m\to\infty}i^{(m)}$

利用: $i^{(m)}=m[(1+i)^{\frac{1}{m}}-1]$,求极限获得

$$\delta = \lim_{m \to \infty} m[(1+i)^{\frac{1}{m}} - 1] = \ln(1+i) \tag{4.22}$$

且可推证出:$1 + i = e^{\delta}$; $i > \delta$

定义(ⅰ)从根本说明息力 δ 表示在时刻 t 的瞬时利息率。

(2) 如果以任意时点 t 为出发点,用符号 δ_t 表示时刻 t 的利息力,那么有利息力定义(ⅱ):度量资本在任意一个时点上获取利息的能力,就是说利息力是在确切时点上的利息强度。下面我们用终值函数的相对变化率推证:

由导数定义出发,有

$$\frac{d}{dt}a(t) = \lim_{\varepsilon \to 0} \frac{a(t+\varepsilon) - a(t)}{\varepsilon},$$

其中: $a(t+\varepsilon) - a(t)$ 是一单位元在 ε 时期内实际利息。

进一步 $$\frac{a'(t)}{a(t)} = \lim_{\varepsilon \to 0} \frac{a(t+\varepsilon) - a(t)}{a(t)} \cdot \frac{1}{\varepsilon}$$

其中:$\frac{a(t+\varepsilon) - a(t)}{a(t)}$ 为在 ε 时期内的实际利率 i_{ε},$\varepsilon = \frac{1}{m}$。

$\frac{a(t+\varepsilon) - a(t)}{a(t)} \cdot \frac{1}{\varepsilon}$ 为相对于这一实际利率的名义利息率。

从而 $$\frac{a'(t)}{a(t)} = \frac{\lim\limits_{\varepsilon \to 0} i_t}{\varepsilon} = \lim_{\varepsilon \to 0} i^{(m)} = \delta_t \tag{4.23}$$

时点 t 的息力,即为终值函数的相对变化率。

① 在单利条件下:由 $a(t) = 1 + it$ 有

$$\frac{a'(t)}{a(t)} = \frac{(1+it)'}{1+it} = \frac{i}{1+it}$$

显然,单利条件下利息力是时间 t 的递减函数。

② 在复利条件下:由 $a(t) = (1+i)^t$ 有

$$\delta_t = \frac{a'(t)}{a(t)} = \frac{(1+i)^t \ln(1+i)}{(1+i)^t} = \ln(1+i)$$

显然,复利条件下利息力与时间 t 无关。一般将 δ_t 记作 δ,于是:$\delta = \ln(1+i)$

我们还可以进一步推证:当利息力为常数时,实际利率 i 也是常数;而实际利率 i 是常数时,利息力不一定是常数。读者可以试着推证。

4.1.8.2 已知利息力 δ,求终值函数和现值函数

对 $\delta_t = \frac{a'(t)}{a(t)} = [\ln a(t)]'$ 两边积分有

$$\int_0^t \delta_t \mathrm{d}t = \int_0^t [\ln a(t)]' = \ln a(t)$$

于是有

$$a(t) = e^{\int_0^t \delta_t \mathrm{d}t}$$

表示投入 1 个单位货币本金,在利息力 δ 已知条件下,时期 t 的终值函数。当然也就有

$$a(1) = (1+i) = e^{\int_0^1 \delta_t dt}$$

由上式进一步得到

$$a^{-1}(t) = e^{-\int_0^t \delta_t dt}$$

表示时期 t 末 1 个单位货币终值,在利息力 δ 已知条件下,时期 t 初的现值函数。

4.1.8.3　贴息力

类似于定义 δ_t 的原理,对贴息力作出定义。

(1) 如果以贴现次数为出发点,用符号 δ^1 表示时刻 t 的贴息力,那么有贴息力定义(ⅰ):

对于 $d^{(m)}$,当贴现次数 $m \to \infty$ 时,表示某个时刻 t 上的贴现率水平,称贴息力。

即　　$\delta^1 = \lim\limits_{m\to\infty} d^{(m)}$

由 $(1-\frac{d^{(m)}}{m})^m = 1-d$ 及 $1+i = e^{\int_0^1 \delta_t dt}$ 得到

$$d^{(m)} = m(1 - e^{-\frac{\delta}{m}})$$

于是有　$\delta^1 = \lim\limits_{m\to\infty} d^{(m)} = \lim\limits_{m\to 0} m(1 - e^{-\frac{\delta}{m}}) = \delta$

(2) 如果以任意时点 t 为出发点,用符号 $\delta_t{}^1$ 表示时刻 t 的贴息力,那么也有贴息力定义(ⅱ):度量资本在任意一个时点上获取贴息的能力,就是说贴息力是在确切时点上的贴息强度。下面我们也用累积函数的相对变化率定义

$$\delta_t{}^1 = -\frac{\frac{d}{dt}a^{-1}(t)}{a^{-1}(t)}$$

定义中有负号,是因为 $a^{-1}(t)$ 为 t 的递减函数所致。

这里也可以推出

$$\delta_t{}^1 = -\frac{\frac{d}{dt}a^{-1}(t)}{a^{-1}(t)}$$

$$= \frac{\frac{d}{dt}a(t)}{a^2(t)} \cdot \frac{1}{a^{-1}(t)}$$

$$= \frac{a(t)\cdot\delta_t}{a^2(t)\cdot a^{-1}(t)} = \delta_t$$

由定义(ⅰ)、定义(ⅱ)都推出同一结果:利息力等于贴息力。以后将它们统称息力 δ。

例 4-8　已知在利息力 $\delta_t = K\cdot t^2$ 的作用下,100 元在 10 年末的值为 500 元,求 K 的表达式。

解:根据公式 $A(t) = A(0)e^{\int_0^t \delta_t dt}$

依题意,　$500 = 100e^{\int_0^{10} Kt^2 dt}$

得　　　　$k = \frac{3\cdot\ln 5}{1000}$

4.1.8.4　利息率、贴现率及利息力之间的关系

综合前述有关分析及其原理，并结合它们各自的定义，以及实际利息率、名义利息率、名义贴现率、利息力之间的相互关系式，可以概括为

$$1 + i = (1 + \frac{i^{(m)}}{m})^{m} = (1 - d)^{-1} = (1 - \frac{d^{(m)}}{m})^{-m} = e^{\delta} \tag{4.24}$$

例4－9　求每半年计息一次的名义利息率，使之等价于每月贴现一次的名义贴现率。

解：根据名义利息率与名义贴现率之间的关系，与名义贴现率。

等价的名义利息率 $i^{(2)}$ 由下式决定：

$$(1 + \frac{i^{(2)}}{2})^{2} = (1 - \frac{d^{(12)}}{12})^{-12}$$

从而所求为　$i^{(2)} = 2[(1 - \frac{d^{(12)}}{12})^{-6} - 1]$

例4－10　如果名义利息率为6%，每季结算一次，那么实际利息率为多少？

解：与名义利息率等价的实际利息率由下面关系决定

$$i = (1 + \frac{i^{(m)}}{m})^{m} - 1 = (1 + \frac{6\%}{4})^{4} - 1 = 6.136\%$$

可见，实际利息率6.136%大于名义利息率为6%。

4.1.9　等值方程及其求解

考虑与利息有关的问题时，应遵循一个最基本的原则：货币具有的时间价值。就是说，在所考察时刻的一定货币的价值，就是这笔货币本身所代表的价值大小。既依赖于这笔钱已经历时间，又得考虑利息的度量方式。因此，同量的货币在不同时点上并不等值。换言之，不同时点上的两笔或两笔以上的货币不能直接作比较。要说明它们的大小，只有将这些货币累积或折现到一个共同的时点上，才能比较这些货币的价值大小。特别的，像这种为比较货币值而选择的共同时点，称为可比点或可比日。每笔支付货币累积或折现到可比日所建立的等式，就称为等值方程或者价值等式。

建立和求解等值方程的步骤是：

第一步：画时间轴。把收（取）的货币按时间顺序记在时间轴的一边，把支（付）的货币按时间顺序记在时间轴的另一边，这样建立的图示有利于建立等值方程。

第二步：选择可比日。可比日就是使每笔货币在指定利息度量方式下，累积和折现到这一时刻。可比日的选择是为了使不同时刻的货币可比。可比日可以有不同的选择，但选择适当，有利于简化计算。

第三步：建立等值方程。是所有收（取）的货币与所有支（付）的货币在可比日具有相等的值。

第四步：求解等值方程。以求出所要决定的量。

事实上，前述终值函数，现值函数在本质上是等值方程。以下通过两例对等值方程的一般应用加以讨论。

例4－11 为回报在八年底收到600元的承诺，一个人同意立即支付100元，五年底支付200元，并且在十年底作进一步的支付。已知实际利息率是4%，求十年底支付额为多少？

解：作出时间轴，令第10年末所作支付额为X。

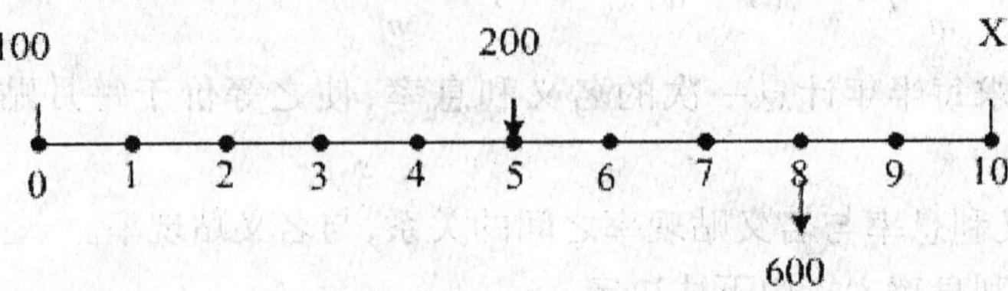

选择第一年年初，即"0"点为可比日，

建立等值方程：$600V^8 = 100 + 200 \cdot V^5 + X \cdot V^{10}$

求解X $$X = \frac{600V^8 - 200V^5 - 100}{V^{10}}$$

$$= 600(1+4\%)^2 - 200(1+4\%)^5 - (1+4\%)^{10}$$

$$= 257.61(\text{元})$$

两点注释：

① 在本例中，也可以选择第十年末为可比点，并且X的值不因选择第十年末而有不同的值。当然，这里隐含一个假定：亦即利息率以复利计算时，不同可比日的选择，不影响所求的值。

② 在单利条件下，可比日选择不同，可能出现不同的解。

任何一个，利息问题通常包含四个基本要素的：本金、利息度量方式、时期长度和本金产生的终值。仅从数学意义上讲，只要已知其中的三个量，第四个量便可以确定。前面几部分内容，重点研究了已知利息度量方式和经历的确定期间条件下，现值和终值的计算。当然，以所得的基本函数表达式为基础，同样可以在一定已知条件下，讨论时期的确定，或利息率或贴现率的计算。

例4－12 每半年结算一次利息的利息率为多少时，现在投入的100元和从现在算起的三年后投入的100元，可在十年末累积到300元。

解：作出时间轴：

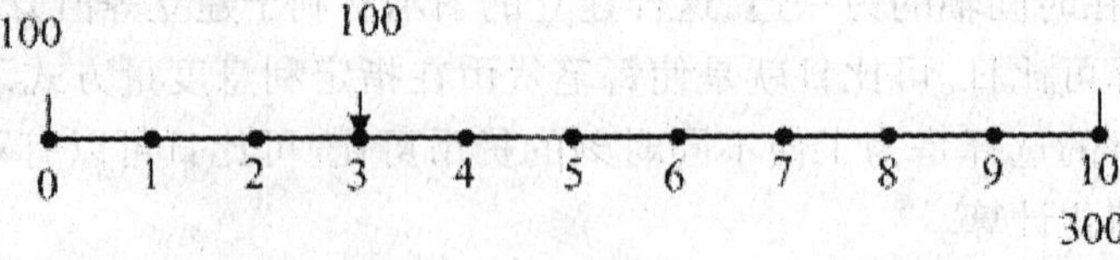

选择第十年末为可比日，令$j = \dfrac{i^{(2)}}{2}$，

建立等值方程：

$$300 = 100(1+j)^{20} + 100(1+j)^{14}$$

再令　$f(j) = 100(1+j)^{20} + 100(1+j)^{14} - 300$

寻找 j，使 $f(j) = 0$。

经反复试验，

$$f(0.02) = -19.465 < 0$$

$$f(0.03) = 31.87 > 0$$

运用线性插值法：

$$j = 0.02 + 0.01 \times \frac{0 + 19.465}{31.87 + 19.465} \approx 0.0238$$

$$i^{(2)} = 2 \times 0.0238 = 0.0476 \text{ 或 } 4.76\%$$

4.2　确定年金

年金定义为在相等时间区间上所作的一系列给付。在经济实践中常采用的收付款项方式的方法。例如：向银行一次性贷款后采取在若干年内每年等额还款方式还清贷款；零存整取，每隔确定时间存入银行的一笔钱；以分期付款方式购买房产等。年金不仅仅局限于每隔一年给付一次，它是指每隔一个相等间隔的一系列固定金额的收付款方式。年金每次的给付额，可以是：固定量或水平量，也可以是非固定量，呈不断变化的情形。

确定年金是年金的一种方式。确定年金与人的生死不发生关系。确定年金的支付总期间事前确定，纯粹以预定利息率作为累积基础。

确定年金的分类：

方式一：年金按收付款时点不同分成期末付年金和期初付年金。年金给付于每期开始时支付称期初付年金；年金给付于每期完成时支付的称期末付年金。

方式二：按收付款时期不同分为定期年金和永续年金。年金的给付限于一定期间的有限期年金是定期年金；年金的给付无限期延续的无限期年金是永续年金。

方式三：年金的即时年金和延付年金。年金的给付在签约后即可开始的是即时年金；年金的给付在经过一段时间后才开始的是延付年金

方式四：按收付款间隔不同分为：一年一次收付年金；一年多次收付年金；连续年金。

这一节我们讨论确定年金的年金现值和年金终值的概念及计算。年金现值是一系列等额收付款在收付期初（开始）的值之和；年金终值是一系列等额收付款在收付期末的终值之和。

4.2.1　年金给付期等于利息结算期的确定年金

4.2.1.1　期末付年金

为了讨论年金的一致性，我们约定了前提条件：年给付额为1，于每年年底支付，年金总期间为 n 年，年利息率为 i。求这种年金的现值和终值。

(1) 年金现值：它是一系列等额收付款在收付期初开始的值，表示所有支付金额在确

定期末年金之初的现值之和,对于每年一单元共收付 n 年的 n 年定期年金,当收付款在每年年末时,以 $a_{\overline{n}|}$ 表示其现值(贴现因子 $V=\frac{1}{1+i}$)。$a_{\overline{n}|}$:每年末一单元在收付期初现值之和。计算公式:

$$a_{\overline{n}|}=V+V^2+\cdots+V^n=\frac{1-V^n}{i} \tag{4.25}$$

且推证得: $$1=ia_{\overline{n}|}+V^n \tag{4.26}$$

此时说明:现在投资1元,每年年底可获利息 i,而且在 n 年末还可获本金1。每年年底的利息 i 形成了一个期末确定年金,根据等值方程原理,在期初投入本金应等于投入本金所产生利息及偿还本金现值之和。

(2) 年金终值:它是一系列等额收付款在收付期末的终值,表示所有支付额在确定期末年金之末的终值之和。年金最后一次支付1单位元,完毕后的立即的终值之和,记为:$S_{\overline{n}|}$。计算公式:

$$S_{\overline{n}|}=1+(1+i)+(1+i)^2+\cdots+(1+i)^n=\frac{(1+i)^n-1}{i} \tag{4.27}$$

(3) $a_{\overline{n}|}$ 与 $S_{\overline{n}|}$ 的基本关系:

$$S_{\overline{n}|}=(1+i)^n a_{\overline{n}|} \tag{4.28}$$

$$\frac{1}{a_{\overline{n}|}}=\frac{1}{S_{\overline{n}|}}+i \tag{4.29}$$

在 $1=ia_{\overline{n}|}+V^n$ 两边同除以 $a_{\overline{n}|}$,得

$$\frac{1}{a_{\overline{n}|}}=i+\frac{v^n}{a_{\overline{n}|}}$$

在运用关系 $S_{\overline{n}|}=(1+i)^n a_{\overline{n}|}$,得

$$\frac{1}{a_{\overline{n}|}}=i+\frac{1}{(1+i)^n a_{\overline{n}|}}=\frac{1}{S_{\overline{n}|}}+i$$

例4-13 如果一个人现在投入1000元,年利息率为4%,每半年结算利息一次,那么这个人每隔六个月等额提取一笔多大的金额,在二十年底正好取完投入的资金。

解:设每次的相等提取额为 X,有

$$10\,000=X\cdot a_{\overline{40}|2\%}$$

$$X=\frac{1000}{a_{\overline{40}|2\%}}=1000\left(\frac{1}{S_{\overline{40}|2\%}}+2\%\right)=36.56(\text{元})$$

4.2.1.2 期初付年金

这里我们也约定了前提条件:每年年初支付1单位元,年金总期间为 n 年,年利息率为 i。求这种年金的现值和终值。

(1) 年金现值:$\ddot{a}_{\overline{n}|}$

表示所有支付额在 n 年初(包括的第一年年初的支付额在内)的现值之和。计算公式:

$$\ddot{a}_{\overline{n}|} = 1 + V + V^2 + \cdots + V^{n-1}$$

$$= \frac{1 - V^n}{d} \tag{4.30}$$

(2) 年金终值：$\ddot{S}_{\overline{n}|}$ 表示所有支付额在 n 年末的值的之和。计算公式：

$$\ddot{S}_{\overline{n}|} = (1+i) + (1+i)^2 + \cdots + (1+i)^n$$

$$= \frac{(1+i)^n - 1}{d} \tag{4.31}$$

(3) $\ddot{a}_{\overline{n}|}$ 与 $\ddot{S}_{\overline{n}|}$ 基本关系

$$\ddot{S}_{\overline{n}|} = (1+i)^n \ddot{a}_{\overline{n}|} \tag{4.32}$$

$$\frac{1}{\ddot{a}_{\overline{n}|}} = \frac{1}{\ddot{S}_{\overline{n}|}} + d \tag{4.33}$$

4.2.1.3 期末付年金与期初付年金的关系

这里是指期末付年金与期初付年金的现值与终值之间的关系。常见的关系如下：

(1) $a_{\overline{n}|}(1+i) = \ddot{a}_{\overline{n}|}$ (4.34)

由 $a_{\overline{n}|} = \frac{1-V^n}{i} = V\frac{1-V^n}{i \cdot V} = V\frac{1-V^n}{d} = V\ddot{a}_{\overline{n}|}$，得到

$$a_{\overline{n}|}(1+i) = \ddot{a}_{\overline{n}|}$$

这个等式表明：n 年期初付年金的现值 $\ddot{a}_{\overline{n}|}$，与提前一年算起的 n 年期末付年金的现值，正好相差一年，而支付额是相同的支付额。

(2) $S_{\overline{n}|}(1+i) = \ddot{S}_{\overline{n}|}$ (4.35)

(3) $\ddot{a}_{\overline{n}|} = 1 + a_{\overline{n-1}|}$ (4.36)

因为 $a_{\overline{n-1}|} = \frac{1-V^{n-1}}{i}$，所以

$$1 + a_{\overline{n-1}|} = \frac{1+i-V^{n-1}}{i} = \frac{1 - \frac{V^{n-1}}{1+i}}{\frac{i}{1+i}} = \frac{1-V^n}{d} = \ddot{a}_{\overline{n}|}$$

这个等式表明：n 年期初付年金的现值 $\ddot{a}_{\overline{n}|}$，可为 $(n-1)$ 年期末付年金的现值 $a_{\overline{n-1}|}$ 与 1 的现值之和。

(4) $\ddot{S}_{\overline{n}|} = S_{\overline{n+1}|} - 1$ (4.37)

例4－14 某人希望通过一项基金在2010年7月1日累积10 000元，为实现其愿望，该人计划从1999年7月1日到2009年7月1日之间，每年年初存入一笔基金相等的金额。如果基金赚得实际利率为4%，那么该人每年年初存入金额为多少？

解：假定该人每年年初存入基金相等金额为 R，那么据题意有：

$$R\ddot{S}_{\overline{11}|} = 10\,000$$

$$R = \frac{10\,000}{\ddot{S}_{\overline{11}|4\%}} = \frac{10\,000}{S_{\overline{12}|} - 1} = \frac{10\,000}{15.0258 - 1} = 713.0(\text{元})$$

4.2.1.4　延付 m 年的 n 年期的确定年金

(1) 延付 m 年的给付额为 1 的 n 年期末付年金:现值记作 ${}_{m|}a_{\overline{n|}}$

$$ {}_{m|}a_{\overline{n|}} = a_{\overline{n|}} \cdot V^m = a_{\overline{m+n|}} - a_{\overline{m|}} \tag{4.38}$$

证明:设存入本金为 ${}_{m|}a_{\overline{n|}}$ 单位元,存了 m 年,m 年末的本利和 $(1+i)^m\ {}_{m|}a_{\overline{n|}}$,从 m 年末付年金,共付 n 年,期末付年金的年金现值 $a_{\overline{n|}}$,m 年末的本利和 $=$ n 年期末付年金的年金现值。即

$$(1+i)^m\,{}_{m|}a_{\overline{n|}} = a_{\overline{n|}}$$

所以 $${}_{m|}a_{\overline{n|}} = a_{\overline{n|}} \cdot \frac{1}{(1+i)^m} = a_{\overline{n|}} \cdot V^m$$

因为 $a_{\overline{m+n|}}$ 没有延付 m 年的 $(m+n)$ 年期末付年金时的现值,而 $a_{\overline{m|}}$ 从第一年末到的第 m 年年末,m 年期末付年金的现值。

所以 $${}_{m|}a_{\overline{n|}} = a_{\overline{m+n|}} - a_{\overline{m|}}$$

(2) 延付 m 年的给付额为 1 的 n 年期初付年金,现值记为:${}_{m|}\ddot{a}_{\overline{n|}}$

同理:$${}_{m|}\ddot{a}_{\overline{n|}}(1+i)^m = \ddot{a}_{\overline{n|}}$$

$$ {}_{m|}\ddot{a}_{\overline{n|}} = \ddot{a}_{\overline{m+n|}} - \ddot{a}_{\overline{m|}} \tag{4.39}$$

例 4-15　(1) 你现在应存入银行多少钱,方可从第三年年末开始,直至第九名年末为止,每年取得的 200 美元?(2) 若你从第 3 年年末开始,直至第九年年末为止,每年存入银行 200 元,则你在第十二年年末可以一次性取到多少钱?(3) 当条件与(2) 相同时,年金在第五年年末的值为多少?本例计算所用的利息率均为 5%。

解:根据题意

(1) $${}_{2|}a_{\overline{7|}} = 200a_{\overline{7|}} \cdot V^2 = 200(a_{\overline{9|}} - a_{\overline{2|}}) = 200(7.1078 - 1.8591) = 1049.74\text{(元)}$$

(2) $${}_{2|}S_{\overline{7|}} = 200 \cdot S_{\overline{7|}} \cdot (1+5\%)^3 = 200(S_{\overline{10|}} - S_{\overline{3|}}) = 200(12.5779 - 3.1525) = 1885.08\text{(元)}$$

(3) 所求之值 $= 200S_{\overline{3|}} + 200a_{\overline{4|}} = 200a_{\overline{7|}}(1+5\%)^3 = 200S_{\overline{7|}} \cdot V^4$
$= 200 \times 8.1420 \times 0.82270 = 1339.69$(元)

4.2.1.5　永久年金

年金给付的期限无限延续的年金,年金给付延续到永远的年金,称作永久年金。永久年金的期限是不确定的。不普遍存在的永久年金,并不等于不存在。如未附偿还条件的优先股的红利,形成一种永久年金。研究永久年金,主要是理论的需要。

(1) 年给付额为 1 的期末付永久年金的现值,记作:$a_{\overline{\infty|}}$

定义:每年末一单位元的永续年金现值是每年末一单位元的 n 年定期年金现值当 $n \to \infty$ 时的极限。

记作: $$a_{\overline{\infty|}} = \lim_{n\to\infty} a_{\overline{n|}} = V + V^2 + \cdots = \frac{V}{1-V} = \frac{1}{i} \tag{4.40}$$

或者 $$a_{\overline{\infty|}} = \lim_{n\to\infty} a_{\overline{n|}} = \lim_{n\to\infty}\frac{1-V^n}{i} = \frac{1}{i}$$

(2) 年给付额为 1 的期初付永久年金的现值,记作:$\ddot{a}_{\overline{\infty}|}$,且

$$\ddot{a}_{\overline{\infty}|} = \lim_{n\to\infty}\ddot{a}_{\overline{n}|} = 1 + V + V^2 + \cdots$$

$$= \lim_{n\to\infty}\frac{1 - V^n}{d} = \frac{1}{d} \tag{4.41}$$

4.2.2 年金给付期不等于利息结算期的确定年金

*4.2.2.1 年金给付期大于利息结算期的确定年金

年金给付期大于利息结算期的确定年金也可描述为:年金支付次数比利息结算次数少的确定年金。

为了讨论我们约定了前提条件:年金总的期间为 n,n 由利息结算期度量;

假定每一个年金给付期内包含整数利息结算期,用 K 表示一个年金给付期内利息结算的次数;i 代表每一个利息结算期内的利息率;年金每次的给付额为 1

(1) 期末付年金

满足上述条件的期末付年金的年金现值:$P \cdot V$;年金终值:$A \cdot V$。

由于每隔 K 个利息结算期,期末支付为 1,于是,将 1 分解为每个利息结算期期末支付一次,每次期末支付额为$\frac{1}{S_{\overline{K}|}}$,于是把整个年金转化为年金给付期等于利息结算期的确定年金。

年金的现值:$(P \cdot V)_I = (\frac{1}{S_{\overline{K}|}}) \cdot a_{\overline{n}|} = \frac{a_{\overline{n}|}}{S_{\overline{K}|}}$ (4.42)

年金的终值:$(A \cdot V)_I = (\frac{1}{S_{\overline{K}|}}) \cdot S_{\overline{n}|} = \frac{S_{\overline{n}|}}{S_{\overline{K}|}}$ (4.43)

由年金现值定义:$a_{\overline{n}|} = V + V^2 + \cdots + V^n = \frac{1 - V^n}{i}$,推得

$$(P \cdot V)_I = V^K + V^{2K} + \cdots + V^{\frac{nK}{K}} = \frac{a_{\overline{n}|}}{S_{\overline{K}|}}$$

并且年金终值和年金现值的关系如下:

$$(A \cdot V)_I = (1 + i)^n \times (P \cdot V)_I = (1 + i)^n \frac{a_{\overline{n}|}}{S_{\overline{K}|}} = \frac{S_{\overline{n}|}}{S_{\overline{K}|}}$$

(2) 期初付年金

也由年金现值定义:$\ddot{a}_{\overline{n}|} = 1 + V + V^2 + \cdots + V^{n-1} = \frac{1 - V^n}{d}$,推得

$$(P \cdot V)_D = 1 + V^K + V^{2K} + \cdots + V^{\frac{(n-1)K}{K}} = \frac{\ddot{a}_{\overline{n}|}}{\ddot{a}_{\overline{K}|}} = \frac{a_{\overline{n}|}}{a_{\overline{K}|}} \tag{4.44}$$

$$(A \cdot V)_D = (1 + i)^n \times P \cdot V = (1 + i)^n \frac{\ddot{a}_{\overline{n}|}}{\ddot{a}_{\overline{K}|}} = \frac{\ddot{S}_{\overline{n}|}}{\ddot{a}_{\overline{K}|}} = \frac{S_{\overline{n}|}}{a_{\overline{K}|}} \tag{4.45}$$

例 4 - 16 已知某种 12 年期限的确定年金,每隔四个月月末支付 200 元,月利率为 2%,求这种年金在 12 年年金支付期期初的前三年的现值?

解 1:依题意,已知期末付年金方式:每一次年金支付为四个月,月利率为 2% ,每月

利息结算一次。这里讨论的是利息结算期小于年金给付期。$K = 4$，一个年金给付期内利息结算四次。把整个年金转化为年金给付期等于利息结算期，有

$$n = 12 \times 12 = 144 \quad i = 2\%$$

所求现值为 $P \cdot V = 200\frac{a_{\overline{n}|}}{S_{\overline{K}|}} \cdot V^{36} = 200\frac{a_{\overline{144}|}}{S_{\overline{4}|}}\left(\frac{1}{1+2\%}\right)^{36} = 1120.71$(元)

解 2：依题意，按如下方法求得，

$$P \cdot V = 200 \cdot \frac{a_{\overline{180}|}}{S_{\overline{4}|}} - 200 \cdot \frac{a_{\overline{36}|}}{S_{\overline{4}|}}$$

$$= 2357.55 - 1236.84 = 1120.71(\text{元})$$

4.2.2.2 年金给付期小于利息结算期的确定年金

年金给付期小于利息结算期的确定年金也可描述为：年金支付次数比利息结算次数多的确定年金。

约定讨论条件：n 代表由利息结算期度量的年金总的期间；每个利息结算期的利息率 i；在每个利息结算期内的支付金额为 1，分期于 m 次相等的给付，每次的支付额为 $1/m$。

因为在每个利息结算期内的支付额为 1，分期于 m 次相等的给付（年金），每次年金的支付额为 $1/m$。于是，将每个已知利息结算期的利息率 i 转化为每个 $1/m$ 期间的利息率，达到使年金给付期等于利息结算期。

(1) 期末付年金

年金现值记作 $a_{\overline{n}|}^{(m)}$，计算公式：

$$a_{\overline{n}|}^{(m)} = \frac{1}{m}V^{\frac{1}{m}} + \frac{1}{m}V^{\frac{2}{m}} + \cdots + \frac{1}{m}V^{\frac{mn}{m}}$$

$$= \frac{1}{m} \cdot V^{\frac{1}{m}}\frac{1-V^n}{1-V^{\frac{1}{m}}}$$

$$= \frac{1-V^n}{m[(1+i)^{\frac{1}{m}}-1]} = \frac{1-V^n}{i^{(m)}} \tag{4.46}$$

年金终值记作 $S_{\overline{n}|}^{(m)}$，计算公式：

$$S_{\overline{n}|}^{(m)} = (1+i)^n a_{\overline{n}|}^{(m)} = (1+i)^n\frac{1-V^n}{i^{(m)}} = \frac{(1+i)^n-1}{i^{(m)}} \tag{4.47}$$

(2) 期初付年金

年金现值记作 $\ddot{a}_{\overline{n}|}^{(m)}$，年金终值记作 $\ddot{S}_{\overline{n}|}^{(m)}$。

同理可推得：$\ddot{a}_{\overline{n}|}^{(m)} = \dfrac{1-V^n}{d^{(m)}} \qquad \ddot{S}_{\overline{n}|}^{(m)} = \dfrac{(1+i)^n-1}{d^{(m)}}$ (4.48)

*(3) 期末付年息与期初付年金的现值和终值之间的关系

① $\begin{cases}\ddot{a}_{\overline{n}|}^{(m)} = (1+i)^{\frac{1}{m}}a_{\overline{n}|}^{(m)} \\ \ddot{S}_{\overline{n}|}^{(m)} = (1+i)^{\frac{1}{m}}S_{\overline{n}|}^{(m)}\end{cases}$ ② $\begin{cases}\ddot{a}_{\overline{n}|}^{(m)} = \dfrac{1}{m} + a_{\overline{n-\frac{1}{m}}|}^{(m)} \\ \ddot{S}_{\overline{n}|}^{(m)} = S_{\overline{n+\frac{1}{m}}|}^{(m)} - \dfrac{1}{m}\end{cases}$

③$\begin{cases} a_{\overline{n}|}^{(m)} = \dfrac{i}{i^{(m)}}a_{\overline{n}|} = S_{\overline{1}|}^{(m)}a_{\overline{n}|} \\ S_{\overline{n}|}^{(m)} = \dfrac{i}{i^{(m)}}S_{\overline{n}|} = S_{\overline{1}|}^{(m)}S_{\overline{n}|} \end{cases}$ ④$\begin{cases} \ddot{a}_{\overline{n}|}^{(m)} = \dfrac{d}{d^{(m)}}\ddot{a}_{\overline{n}|} = \ddot{a}_{\overline{1}|}^{(m)}\ddot{a}_{\overline{n}|} \\ \ddot{S}_{\overline{n}|}^{(m)} = \dfrac{d}{d^{(m)}}\ddot{S}_{\overline{n}|} = \ddot{a}_{\overline{1}|}^{(m)}\ddot{S}_{\overline{n}|} \end{cases}$

例4－17 (1) 已知某种年支付额10 000元,分期于每月月末收付一次相等的金额,总期限十年的确定年金。年实际利息率是5%,那么该年金的现值是多少?(2) 其余条件与(1) 相同,只是年利息率5%,每季结算一次,那么该年金的现值又该是多少?

解:(1) 所求现值可直接运用公式,计算过程如下:

$$i^{(12)} = 12[(1+0.05)^{\frac{1}{12}} - 1] = 0.048\,889\,484$$

$$S_{\overline{1}|}^{(12)} = \frac{i}{i^{(m)}} = \frac{0.05}{0.048\,889\,484} = 1.022\,715\,482\,3$$

$$a_{\overline{10}|}^{(12)} = S_{\overline{1}|}^{(12)}a_{\overline{10}|}$$

所以,$10\,000a_{\overline{10}|}^{(12)} = 10\,000S_{\overline{1}|}^{(12)} \cdot a_{\overline{10}|}$

$$= 10\,000 \times 1.022\,715 \times 7.7217$$

$$= 78\,970.98(元)$$

(2) 因为年利息5%,每季结算一次,所以每季的利息率为$\frac{5\%}{4} = 1\frac{1}{4}\%$,并且每季总的给付额为$\frac{1}{4} \times 10\,000 = 2500$,结算总时期$10 \times 4 = 40$(次),年金收付为每月月底,每季支付三次。从而所求现值:

$$2500a_{\overline{40}|}^{(3)} = 2500S_{\overline{1}|}^{(3)}a_{\overline{40}|} = 78\,642.76$$

其中,$a_{\overline{40}|} = \dfrac{1-V^n}{i} = \dfrac{1-\left(\dfrac{1}{1+0.0125}\right)^{40}}{0.0125} = 31.3269$

$$S_{\overline{1}|}^{(3)} = \frac{i}{i^{(3)}} = \frac{0.125}{i^{(3)}} = \frac{0.0123}{0.0122} = 1.004\,155\,194$$

例4－18 从1970年7月1日起,直至1980年6月1日止,包括1980年6月1日在内,每月提供100元。如果年实际利息率为5%,那么所有给付额在1970年6月1日的现值以及在1965年7月1日的值各为多少?

解:依题意,所求如下:

(1)1970年7月1日至1980年6月1日,正好10年120个月给付,每月提供100元,实际年利息率为5%,将给付期转化年给付,有$100 \times 12 = 1200$(元),且

$$i^{(12)} = 12[(1+0.05)^{\frac{1}{12}} - 1] = 0.048\,889,$$

$$S_{\overline{1}|}^{(12)} = \frac{i}{i^{(m)}} = \frac{0.05}{0.0488\,894\,84} = 1.022\,715\,482\,3$$

所以计算得 $a_{\overline{10}|} = 7.7217$

$$1200 \cdot a_{\overline{10}|}^{(12)} = 1200 \times \frac{i}{i^{(12)}} \times a_{\overline{10}|}$$

$$= 1200\frac{1-\left(\frac{1}{1+0.05}\right)^{10}}{i^{(12)}} = 9475.52(\text{元})$$

(2) 所求如下:

$$1200(\ddot{a}_{\overline{15|}}^{(12)} - \ddot{a}_{\overline{5|}}^{(12)}) = 1200\left(\frac{i}{d^{(12)}}a_{\overline{15|}} - \frac{i}{d^{(12)}}a_{\overline{5|}}\right)$$

$$= 1200\cdot\frac{i}{d^{(12)}}(a_{\overline{15|}} - a_{\overline{5|}})$$

$$= 1200\times\frac{0.05}{d^{(12)}}\left(\frac{1-\frac{1}{(1+0.05)^{15}}}{0.05} - \frac{1-\frac{1}{(1+0.05)^{5}}}{0.05}\right)$$

或直接查表 $1200(\ddot{a}_{\overline{15|}}^{(12)} - \ddot{a}_{\overline{5|}}^{(12)}) = 1200\times 1.026\,881\times(10.3797-4.3295)]$

$$= 7455.40(\text{元})$$

其中 $d^{(12)} = 12(1-(1+i)^{-\frac{1}{12}}) = 0.048\,691$

*4.2.2.3 连续确定年金

连续确定年金是作为年金给付期小于利息结算期的确定年金的一种特殊形式。

年金收付间隔趋于无穷小时称连续年金,连续年金的特点是收付间隔很短且给付连续的支付。这里简略讨论确定年金当给付频数趋于无穷大时求现值和终值的计算。

(1) 连续确定年金的年金现值

设 n 个计息期连续支付,每个计息期总支付量是 1 的年金现值,记作 $\bar{a}_{\overline{n|}}$:在 n 个利息结算期内连续的给付,且在每个利息结算期内总的给付额为 1 的连续年金的现值。

$$\bar{a}_{\overline{n|}} = \lim_{m\to\infty}a_{\overline{n|}}^{(m)} = \lim_{m\to\infty}\ddot{a}_{\overline{n|}}^{(m)} = \frac{1-V^n}{\delta} \tag{4.49}$$

(2) 连续年金的终值,记作:$\bar{S}_{\overline{n|}}$

$$\bar{S}_{\overline{n|}} = \lim_{m\to\infty}S_{\overline{n|}}^{(m)} = \lim_{m\to\infty}\ddot{S}_{\overline{n|}}^{(m)} = \frac{(1+i)^n-1}{\delta} \tag{4.50}$$

(3) 连续年金与一般年金的关系

$$\bar{a}_{\overline{n|}} = \frac{i}{\delta}\cdot a_{\overline{n|}} = \bar{S}_{\overline{n|}}\cdot a_{\overline{n|}} \quad \bar{S}_{\overline{n|}} = \frac{i}{\delta}\cdot S_{\overline{n|}} = \bar{S}_{\overline{1|}}\cdot S_{\overline{n|}} \tag{4.51}$$

连续年金在利息理论上有研究价值,对于实际中给付频数很小的确定年金,连续年金可以作为他的近似值。连续年金的计算可转化为 $a_{\overline{n|}}, S_{\overline{n|}}$ → 查利息表 → 简化运算。

习 题

1. 判断下列式子或陈述的正误,并改正。

(1) $(1+\frac{i^{(n)}}{n})^n = (1-\frac{d^{(m)}}{m})^{-m}$ 无论 m 等于还是不等于 n。

(2) 当投资时期增长时,常数的单利率意味着实际利率递增或不变。

(3) $d-i=i\cdot d$

2. 试分别确定1000元在三年末的终值。① 如果实际利率3%;② 如果月计息一次的6% 的名义年利率;③ 如果每季计息一次的4% 的名义年贴现率。

3. 试确定二年期间的常数实际利率,使之等价于第一年5%,第二年6% 的实际贴现率。

4. 某人存入银行1000元,按年利息率5% 计息,存入期限为10年,求(1) 年利息率每年计息一次,到期时的本利和;(2) 年利息率每年计息四次到期时的本利和。

5. 某人投入本金100元,复利率是4%,那么这个人从第六年到第十年的五年间共赚得利息多少?

6. 李刚1994年1月1日从银行借款1000元,假设年利率为12%,试分别以单利和复利计算:

(1)1994年5月20日时,他需要还银行多少钱?

(2) 1996年1月1日时,他需要还银行多少钱?

(3) 几年后需要还款1500元?

7. 已知投资3000元在两年后的利息是158元,试计算以相同的复利率投资,期初的3000元在三年半后的利息。

8. 第n年末的1元和第$2n$年末的1元,在期初的现值之和为1,试计算$(1+i)^{2n}$是多少?

*9. 如果每季度结转一次利息的年名义利率为6%,试计算200元本金在3年零4个月末的值。

*10. 已知:$1+\frac{i^n}{n}=(1+\frac{i^4}{4})\div(1+\frac{i^5}{5})$,试确定$n$为多少?

*11. 如果$\delta_t=0.01t, 0\leqslant t\leqslant 2$,试确定在区间$0\leqslant t\leqslant 2$内等价的年实际利率。

12. 如果投资者愿意立即投资3000元,并在第3年末追加一笔投资,希望在第5年末和第6年末各获得5000元。假设$i^{(4)}=5\%$,试确定投资者应该在第三年末追加多少投资。

13. 厂商向零售商提供两种可供选择的付款方式:

(1) 立即付款,可以享受20% 的价格折扣;

(2)6个月后付款,可以享受15% 的价格折扣,当实际利率为多少时,这两种付款方式对零售商没有区别。

14. 某人每年年初存入1000元,前4年的年利率为6%,后6年由于通货膨胀率的提高,年利率升到10%,计算第10年末时的存款累积值。(最后结果保留两位小数)

15. 每年末付款1万元的10年期年金,前6年年利率为$i=0.04$,后4年年计息4次的年名义利率为$i^{(4)}=0.04$,计算该年金的现值。

*16. 每月实际利率为1%,甲于每季初存款1000元,共存3年,以后两年,每季初存入2000元,计算甲在第五年年末存款累积值。(最后结果保留两位小数)

17. 已知年计算12次的年名义利率为12%,为了获得10年后的10万元,现在需要投资多少元?

18. 如果实际贴现率为 10%，那么 $\ddot{a}_{\overline{8}|}$ 为多少？

19. 一台新电视的现金价格为 10 000 元。某顾客想以月计息一次 18% 的年利率分期付款购买该台电视，若她在 4 年内每月月末付款 250 元，问现付款需要多少？

20. 某二十年确定年金，每月月初支付 100 元，年名义利率为 12%，求如下三种情况下该年金的值：(1) 利率每月计息一次；(2) 利率每季计息一次；(3) 利率每年计息一次。

21. 王强从银行贷款 100 000 元，计划从第七个月开始每月末等额还款，若银行规定在借款后三年内还清本息，设年利率为 16%，求每月需还款多少？

22. 有一项 10 年期确定年金，它在前 5 年内每季度初付款 400 元，以后增加到每季度初付款 600 元。设年实际利率为 12%，试确定此年金的现值，算到无为止。

*23. 某确定年金第一年收付200元，以后每隔一年增加收付100元，增加到一次收付1000 元时不再增加，并一直保持每年 1000 元的水平连续收付。设年利率为 12%，求这一年金的现值。

5 生命函数及生命表基础

生命表中记载的生存数、死亡数、生存率、死亡率以及平均余命等是寿险精算的基础。而生命表栏目中的生存数、死亡数、生存率、死亡率以及平均余命等,依赖于构建生命表的原始生存数,即0岁的人数及其死亡率。换言之,原始生存人数和它们的死亡率,才是所有生命函数的核心,其他函数均由它们派生而来。像这样的以构成生命表的生存数为基础,而推演出来的各种函数,统称作生命函数。本章将研究生命函数的概念及其计算,阐述生命表构成原理及其基本运用,为寿险精算做必要的准备。

寿险精算的基础——就是对被保险人生存和死亡规律的研究。

5.1 生命分布函数

同时出生的一批人随着年龄的增长不断死亡的这件事情是一个随机现象,要研究被保险人生存和死亡规律,就是研究这些随机现象的规律,用概率论的随机变量的分布来展现人的生存和死亡规律。

5.1.1 关于死亡年龄的生命分布函数

(1) 设X为新出生的婴儿(或0岁的人)在死亡时的年龄。X是一个连续型随机变量。若它的分布函数用$F(x)$表示,则

$F(x) = P(X \leqslant x) \ (x \geqslant 0)$

这表明新出生的婴儿尚未能活到x岁就发生死亡的概率。

(2) 设$S(x) = 1 - F(x) = 1 - P(X \leqslant x) = P(X > x)$

即新出生的婴儿能够活到x岁的概率。$S(x)$被称作关于x的生存函数。

(3) 生存函数$S(x)$有如下基本性质:

① $S(0) = 1$,表示新出生婴儿能够活到0岁的概率为1,或新出生婴儿必然能够活到0岁。

$S(\infty) = 0$,表示新出生婴儿不可能或到无穷大,或新出生婴儿永远生存是不可能事件。

② $S(x)$是一个关于x的递减函数。

③ $S(x)$一般还是一个关于x的连续函数。

(4) 综合上述,进一步有

$$P(P(x_1 < X < x_2)) = F(x_2) - F(x_1) \\ = S(x_1) - S(x_2) \quad (5.1)$$

5.1.2 关于生存时间的生命分布函数

(1) 设 $T(x)$ 表示年龄 x 岁的人，未来能够生存的时间，或者年龄 x 岁的人直到死亡时所生存的时间。$T(x)$ 通常简写为 T。$T(x)$ 是一个连续型随机变量。若它的分布函数用 $G(t)$ 表示，则

$$G(t) = P(T \leqslant t)$$

它的意义是指 x 岁的人在 t 年内将死亡的概率。

(2) 由 $F(x)$ 或 $S(x)$ 描述 $G(t)$

令 $T = X - x$ 则

$$\begin{aligned} G(t) &= P(T \leqslant t) = P(X - x \leqslant t \mid X > x) \\ &= \frac{P(x < X \leqslant x + t)}{P(X > x)} \\ &= \frac{F(x+t) - F(x)}{1 - F(x)} \\ &= \frac{S(x) - S(x+t)}{S(x)} \end{aligned} \quad (5.2)$$

(3) 设 $K(x)$ 表示年龄 x 岁的人，活到死亡时已生存的整年数。$K(x)$ 通常简写为 K。$K(x)$ 是一个离散型随机变量，其取值为0,1,2 ,…,K 与 T 的关系是 $K = [T]$，即 K 是 T 的最大整数部。

若它的概率函数用 $P(K = k)$ 表示，则它的概率函数可以转化为 T 的分布，进一步还可以转化为 X 的分布来讨论研究。

$$\begin{aligned} P(K = k) &= P(k \leqslant T < k + 1) \\ &= G(k+1) - G(k) \\ &= \frac{S(x) - S(x+1+k)}{S(x)} - \frac{S(x) - S(x+k)}{S(x)} \\ &= \frac{S(x+k) - S(x+k+1)}{S(x)} \end{aligned} \quad (5.3)$$

5.2 生命表中的基本生命函数

生命表，又称死亡表，是指某一个数目的0岁的人所成的集合，在自0岁起一直到生存人数成为0，即所观察的人群全部死亡为止的这段过期间内，以统计数字表明其每年死亡、生存状态的表。生命表是寿险保险费和责任准备金等计算的基础。这就是说，在保险费厘定和责任准备金测定时，一般以现成的生命表为基础，来求它们的值。

生命表中揭示的栏目，生存数、死亡数、生存率、死亡率以及平均余命所代表的函数，

就是这里所说的基本生命函数,生命表是寿险精算的基础。

通常,生命表揭示的主要栏目或基本生命函数有

(1)l_x: 0 岁的人中刚好活到 x 岁的生存人数。

其中 l_0 表示同时出生的一批人数,这是生命表基数。于是有

$$l_x = l_0 \cdot P(X > x) = l_0 \cdot S(x) \tag{5.4}$$

在这里我们约定,用 ω

表示生命表年龄上限,存活的最高年龄为 $\omega - 1$。

(2)d_x:0 岁的人中在 x 岁与 $x+1$ 岁间的死亡人数。

其中 d_0:0 岁的人数 l_0 经过一年而死去的那部分人数。

$$\begin{aligned} d_x &= l_0[P(X > x) - P(X > x+1)] \\ &= l_0[S(x) - S(x+1)] \\ &= l_x - l_{x+1} \end{aligned} \tag{5.5}$$

(3)p_x:x 岁的人在一年内生存的概率或 x 岁的人的年内生存率。

$$p_x = P(T \geqslant 1) = \frac{l_{x+1}}{l_x} \tag{5.6}$$

其中 $p_{\omega-1} = 0$

(4)q_x:x 岁的人在一年内死亡的概率或 x 岁的人的年内死亡率。

$$q_x = P(T < 1) = \frac{d_x}{l_x} \tag{5.7}$$

其中 $q_{\omega-1} = 1$

(5) 基本生命函数之间的关系

$$l_{x+1} = l_x - d_x \tag{5.8}$$

$$p_x + q_x = 1 \tag{5.9}$$

例 5-1 已知 $S(x) = 1 - \frac{x}{100}, 0 \leqslant x \leqslant 100$, 且 $l_0 = 10\,000$,求 q_{20} 与 d_{25} 的值。

解:$q_{20} = \frac{S(20) - S(21)}{S(20)} = \frac{80 - 79}{80} = \frac{1}{80}$

$$\begin{aligned} d_{25} &= l_0 \cdot [S(25) - S(26)] \\ &= 10\,000\left[\left(1 - \frac{25}{100}\right) - \left(1 - \frac{26}{100}\right)\right] \\ &= 10\,000 \times \frac{1}{100} = 100 \end{aligned}$$

此例已知条件合理吗?如果改成 $S(x) = 1 - \frac{\sqrt{x}}{10}, 0 \leqslant x \leqslant 100$,会有怎样的结果?

生命表揭示的只是相邻整数年龄对应的生死状态。试图直接用它来解决和说明实际中的大量问题,还很难办到。例如,20 岁的人在五年内将死亡的概率;70 岁的人尚能存活半年的可能性大小;一群 40 岁的人,在未来平均存活的时间等等。这些问题的值,显然无法直接从生命表中查到。我们有必要研究更为一般的生命函数。

5.3　一般正整数年龄的生命函数

这节我们研究 x 岁的人将在某一段时间内死亡的生命函数，以及在某一瞬间死亡的变化情况。约定 x 是年龄，t 是正整数。

(1) ${}_tp_x$：

① ${}_tp_x$ 表示 x 岁的人未来能够存活 t 年的概率。其表示为

$${}_tp_x = P(T > t)$$

② ${}_tp_x$ 的计算，借助于生命表中的生存人数。即

$$\begin{aligned}{}_tp_x &= P(T > t) \\ &= 1 - P(T \leqslant t) = 1 - P(X - x \leqslant t \mid X > x) \\ &= 1 - \frac{P(x < X \leqslant x + t)}{P(X > x)} \\ &= 1 - \frac{F(x + t) - F(x)}{1 - F(x)} = 1 - \frac{S(x) - S(x + t)}{S(x)} \\ &= \frac{S(x + t)}{S(x)} = \frac{l_{x+t}}{l_x} \end{aligned} \tag{5.10}$$

其中 $P(T > x) = P(X > x) = S(x)$，记为 ${}_xp_0$。

(2) ${}_tq_x$：表示 x 岁的人在未来的 t 年内发生死亡的概率。其表示为

$$\begin{aligned}{}_tq_x &= P(T \leqslant t) \\ &= 1 - P(T > t) = 1 - {}_tp_x \\ &= 1 - \frac{l_{x+t}}{l_x} = \frac{l_x - l_{x+t}}{l_x} \end{aligned} \tag{5.11}$$

显然，${}_tp_x + {}_tq_x = 1$

(3) ${}_td_x$：表示0岁的人在活到 x 岁以后的 t 年内发生死亡的人数，(或者0岁的人当中在 x 岁与 $x + t$ 岁间发生的死亡人数)。

① 概率表达式为：

$$\begin{aligned}{}_td_x &= l_0[P(X > x) - P(X > x + t)] \\ &= l_0[S(x) - S(x + t)] \\ &= l_0S(x) - l_0S(x + t) = l_x - l_{x+t} \end{aligned} \tag{5.12}$$

② 用生命表中的死亡人数表示为：

$$\begin{aligned} d_x &= l_x - l_{x+t} \\ &= (l_x - l_{x+1}) + (l_{x+1} - l_{x+2}) + (l_{x+2} - l_{x+3}) + \cdots + (l_{x+t-1} - l_{x+t}) \\ &= d_x + d_{x+1} + \cdots + d_{x+t-1} \end{aligned} \tag{5.13}$$

这个式子表示 t 年内的死亡人数，等于 t 年内的各年的死亡人数之和。

③ x 岁的生存人数用生命表中的死亡人数表示为：

$$\begin{aligned} l_x &= {}_t d_x + l_{x+t} \\ &= {}_t d_x + d_{x+t} + l_{x+t+1} \\ &= d_x + d_{x+1} + \cdots + d_{x+t-1} + d_{x+t} + d_{x+t+1} + \cdots \\ &= d_x + d_{x+1} + \cdots + d_{\omega-1} \end{aligned} \tag{5.14}$$

在生命表中通常约定终极年龄 ω 对应的 $l_\omega = 0$。

(4) ${}_{t_1|t_2}q_x$:表示 x 岁的人在 $x+t_1$ 岁至 $x+t_1+t_2$ 岁之间将发生死亡的概率。其表示为

$$\begin{aligned} {}_{t_1|t_2}q_x &= {}_{t_1}p_x - {}_{t_1+t_2}p_x \\ &= {}_{t_1+t_2}q_x - {}_{t_1}q_x \\ &= {}_{t_1}p_x \cdot {}_{t_2}q_{x+t_1} \\ &= \frac{l_{x+t_1} - l_{x+t_1+t_2}}{l_x} \end{aligned} \tag{5.15}$$

例5-2 求年龄20岁的人,在25~30岁之间将发生死亡的概率。1958 CSO 3% 为计算基础。

解:设所求概率为 P,则

$$\begin{aligned} P &= P(5 < T(20) \leqslant 10) \\ &= P(T(20) \leqslant 10) - P(T(20) \leqslant 5) \\ &= {}_5p_{20} \cdot {}_5q_{25} = \frac{l_{25}}{l_{20}} \cdot \frac{l_{25} - l_{30}}{l_{25}} \end{aligned}$$

,查表得:

$$P = \frac{95\ 278}{9\ 664\ 994} = 0.009\ 86$$

*(5) 死力:μ_x 表示 x 岁的死亡力。

① 定义:在活到 x 岁的人当中,在一瞬间里死亡的人所占比率。记作:μ_x

② 用严格的数学关系定义为:

设 x 岁到 $x+\Delta x$ 岁,Δx 年即为改变量。

据前述已知 $G(t) = P(T \leqslant t)$ $T = X - x$ 令 $t = \Delta x$ 有

$G(t) = P(T \leqslant \Delta x)$ 是指 x 岁的人在 Δx 年内将死亡的概率

$$\begin{aligned} \mu_x &= \lim_{\Delta x \to 0} \frac{P(T \leqslant \Delta x)}{\Delta x} \\ &= \lim_{\Delta x \to 0} \frac{P(x < X \leqslant x + \Delta x \mid X > x)}{\Delta x} \\ &= \lim_{\Delta x \to 0} \frac{S(x) - S(x + \Delta x)}{S(x) \cdot \Delta x} \\ &= -\lim_{\Delta x \to 0} \frac{S(x + \Delta x) - S(x)}{\Delta x} \cdot \frac{1}{S(x)} \\ &= -\frac{S'(x)}{S(x)} \end{aligned} \tag{5.16}$$

死力又称作死亡密度。在寿险精算的理论研究中有重要的作用。

由减因引起保单在瞬间失效的概率，称为“衰减力”。当减因仅为死亡因素时，衰减力就称为死(亡)力。死力能反映确切年龄的死亡水平。

③ 用死力表示 $T(x)$ 概率密度函数。

据前述已知 $T(x)$ 的分布函数为 $G(t) = P(T \leqslant t) = {}_tq_x$

$T(x)$ 概率密度函数 $g(t) = G'(t) = \frac{d}{dt}{}_tq_x$

$$= \frac{d}{dt}[1 - {}_tp_x] = \frac{d}{dt}[1 - \frac{S(x+t)}{S(x)}]$$

$$= -\frac{dS(x+t)}{dt} \cdot \frac{1}{S(x)} = -\frac{S'(x+t)}{S(x)} \tag{5.17}$$

$$= -\frac{S(x+t)}{S(x)} \cdot \frac{S'(x+t)}{S(x+t)} = {}_tp_x \cdot \mu_{x+t} \tag{5.18}$$

根据 $T(x)$ 概率密度函数，${}_tp_x$ 和 ${}_tq_x$ 可以表示如下：

$${}_tp_x = \int_t^{\infty} {}_tp_x\mu_{x+t}dt \tag{5.19}$$

$${}_tq_x = \int_0^t {}_tp_x\mu_{x+t}dt \tag{5.20}$$

因为 ${}_tp_x + {}_tq_x = 1$　　进而有　$\int_0^{\infty} {}_tp_x\mu_{x+t}dt = 1$

④ 用死力表示 ${}_tp_x$ 和 ${}_tq_x$。

根据 μ_x 的定义：

$$\mu_x = -\frac{S'(x)}{S(x)} = -\frac{d}{dx}\ln S(x)$$

$$-\mu_x dx = d\ln S(x) \quad \text{两边积分得}$$

$$-\int_0^x \mu_x dx = \int_0^x d\ln S(x) = \ln S(x)$$

从而 $$S(x) = e^{-\int_0^x \mu_s \cdot ds} \tag{5.21}$$

所以 $${}_tp_x = e^{-\int_x^{x+t} \mu_s \cdot ds} \tag{5.22}$$

$${}_tq_x = 1 - e^{-\int_x^{x+t} \mu_s \cdot ds} \tag{5.23}$$

(6) L_x：x 岁的人平均生存的人年数。

人年是表示人群存活时间的复合单位，一人年表示一个人存活了一年。L_x 是指活到确切年龄 x 岁的人群 l_x 在到达 $x+1$ 岁前平均存活的人年数。

① 当死亡人数在每个年龄区间上均匀分布时

$$L_x = \frac{l_x + l_{x+1}}{2} \tag{5.24}$$

*② 当死亡人数在每个年龄区间上不服从均匀分布时，L_x 的一般计算如下：

$$L_x = \int_0^1 t \cdot l_{x+t} \cdot \mu_{x+t} \cdot dt + l_{x+t}$$

$$= \int_0^1 l_{x+t} \cdot \mathrm{d}t \tag{5.25}$$

(7) T_x:x 岁的人群未来累计生存人年数。

未来累计生存人年数:表示存活到确切年龄的人群未来将存活的总人年数

①$$T_x = L_x + L_{x+1} + L_{x+2} + \cdots + L_{\omega-1} = \sum_{t=0}^{\omega-x-1} L_{x+t} \tag{5.26}$$

*② 当死亡人数在每个年龄区间上不服从均匀分布时,T_x 的一般计算如下:

$$T_x = \int_0^{\infty} t \cdot l_{x+t} \cdot \mu_{x+t} \cdot \mathrm{d}t = \int_0^{\infty} l_{x+t} \cdot \mathrm{d}t \tag{5.27}$$

5.4 生命期望值

生命期望值,又称为平均余命。平均余命是针对人群中或某年龄的集团,是指集团中每个成员的余命的平均值。用平均余命表达某年龄的人在未来预期能够活多久。

平均余命有两种形式:完全平均余命和简约平均余命。

5.4.1 完全平均余命

(1) 定义 :某年龄对应的完全平均余命,是指全部可能生存的期间,包括不满一年的零数均计算在内的余命的平均值。年龄 x 岁的人的完全平均余命用 $\dot{e}_x$ 表示。

(2) 年龄 x 岁的人的完全平均余命的计算

根据完全平均余命的定义

$$\begin{aligned} \dot{e}_x &= E(T(x)) = \int_0^{\infty} t \cdot g(t) \cdot \mathrm{d}t \\ &= \int_0^{\infty} t \cdot {}_tp_x \cdot \mu_{x+t}\mathrm{d}t \\ &= \int_0^{\infty} {}_tp_x \cdot \mathrm{d}t \\ &= \frac{\int_0^{\infty} l_{x+t} \cdot \mathrm{d}t}{l_x} = \frac{T_x}{l_x} \end{aligned} \tag{5.28}$$

当 $x = 0$ $\quad \dot{e}_0 = \dfrac{T_0}{l_0}$

表示同时出生的一批人的平均寿命,即从出生到死亡平均每人存活的年数。

5.4.2 简约平均余命

(1) 定义 :某年龄对应的简约平均余命,是指只考虑所生存的整年期,不包括不满一年的零数而计算的余命的平均值。年龄 x 岁的人的简约平均余命用 e_x 表示。

(2) 年龄 x 岁的人的简约平均余命的计算,根据简约平均余命的定义:

$$e_x = E[K(x)] = \sum_{k=0}^{\infty} k \cdot P(K=k)$$

$$= \sum_{k=0}^{\infty} {}_{k+1}p_x = \frac{l_{x+1} + l_{x+2} + \cdots + l_\omega}{l_x} \tag{5.29}$$

(3) 简约平均余命 e_x 计算式的意义在于:

① l_x 在 x 岁与 $x+1$ 岁间有 d_x 人死亡,这些死亡者生存的整年数为0。

② l_x 在 $x+1$ 岁与 $x+2$ 岁间有 d_{x+1} 人死亡,这些死亡者生存的整年数为 d_{x+1}。

③ l_x 在 $x+2$ 岁与 $x+3$ 岁间有 d_{x+2} 人死亡,这些死亡者生存的整年数为 $2d_{x+2}$。

④ l_x 一共生存的总人年数:

$$T_x = d_{x+1} + 2d_{x+2} + 3d_{x+3} + \cdots$$

$$= l_{x+1} + l_{x+2} + l_{x+3} + \cdots$$

所以 $e_x = \dfrac{T_x}{l_x}$ (5.30)

5.4.3 完全平均余命和简约平均余命的相互关系

令 $T = K + S$ 其中 T:生存时间; K:生存的整年数;S:不满一年的生存时间。S 服从均匀分布,即各死亡者的死亡日期均匀地分布于一年中的各个月中,死亡者在其死亡的一年,平均尚生存半年。

$$\mathring{e}_x = E(T) = E(K+S) = E(K) + E(S)$$

$$\doteq e_x + \frac{1}{2} \tag{5.31}$$

例5-3 假定死亡在整个一年内是均匀分布,试证明:

$$\mathring{e}_x \doteq \frac{1}{2}(q_x + 3\,{}_{1|}q_x + 5\,{}_{2|}q_x + \cdots)$$

证明:在死亡均匀分布假设下,

$$\mathring{e}_x \doteq e_x + \frac{1}{2}$$

$$= \frac{1}{2} + \frac{l_{x+1} + l_{x+2} + \cdots}{l_x}$$

$$= \frac{l_x + 2l_{x+1} + 2l_{x+2} + \cdots}{2l_x}$$

$$= \frac{d_x + 3d_{x+1} + 5d_{x+2} + \cdots}{2l_x}$$

$$= \frac{1}{2}(q_x + 3\,{}_{1|}q_x + 5\,{}_{2|}q_x + \cdots)$$

例5-4 填写表5-1中的空栏,并求 $\mathring{e}_{96}$ 和 e_{96}

表 5 - 1

x	l_x	d_x	p_x	q_x
96	320			
97		80		
98	48			0.667
99			0.250	
100				1.000

解：运用生命函数之间的相互关系：

$$d_x = l_x - l_{x+1}\,,\ {}_tp_x = \frac{l_{x+1}}{l_x}\,,\ q_x = \frac{d_x}{l_x}$$

容易得（见表 5 - 2）：

表 5 - 2

x	l_x	d_x	p_x	q_x
96	320	192	0.400	0.600
97	128	80	0.375	0.625
98	48	32	0.333	0.667
99	16	12	0.250	0.750
100	4	4	0.000	1.000

据此，

$$e_{96} = \frac{l_{97} + l_{98} + l_{99} + l_{100}}{l_{96}} = \frac{128 + 48 + 16 + 4}{320} = 0.6125$$

在死亡均匀分布条件下：

$$\mathring{e}_{96} \approx \frac{1}{2} + e_{96} = 1.1125$$

习　题

1. 已知 $S(x) = 1 - \frac{\sqrt{x}}{100}, 0 \leqslant x \leqslant 100$；求 ${}_{10|10}q_{20}$。

2. 若 $l_x = 100\,000\left(\frac{C - x}{C + x}\right)$，$l_{35} = 44\,000$，求：

(1) C 的值；

(2) 生命表最大年龄；

(3) 从出生存活到 60 岁的概率；

(4) 20 岁的人在 40 ~ 60 岁之间死亡的概率。

3. 已知 20 岁的生存人数为 1000 人，21 岁的生存人数为 998 人，22 岁的生存人数为 992 人。试求 20 岁的人在 21 岁那年死亡的概率，即 ${}_{1|}q_{20}$。

4. 已知40岁的死亡率为0.04,41岁的死亡率为0.06,而42岁的人生存至43岁的概率为0.92。如果40岁生存人数为100人,求43岁时的生存人数。

5. 设X的分布函数为$F(x)=\dfrac{x}{1+x}$, $x\geqslant 0$,试计算:

(1) 年龄20岁的人在40岁之前的死亡概率;

(2) 年龄20岁的人在30 ~ 40岁之间的死亡概率。

*6. 设生存函数$S(x)=e^{-x}$, $x\geqslant 0$,求$S(x)$、$F(x)$及μ_x。

7. 已知生存函数$S(x)=\dfrac{9000-10x-x^2}{9000}$, $0\leqslant x\leqslant 90$,计算$q_{50}-\mu_{50}$

8. 设$l_x=10(100-x)^2$, $0\leqslant x\leqslant 100$, 计算:

(1) ${}_tp_x$与${}_tq_x$及$S(x)$;

(2) $\mathring{e}_x$。

*9. 设生存函数

$$S(x)=(1-\frac{x}{\omega})^{\alpha}\quad(0\leqslant x<\omega,\alpha>0)$$

计算:μ_x和$\mathring{e}_x$。

6 寿险精算基础

6.1 生存年金

6.1.1 生存年金概述

生存年金也是年金的一种形式，它是以人的生存作为年金支付的条件，即以特定的人仍在生存中为限制条件，按期作一连串的给付。生存年金与确定年金的基本区别表现在：首先，生存年金以特定的人的生存为给付条件，确定年金与特定的人或年金受领人的生死无关，随之而来的是给付期确定，每期给付额也确定的一种年金。但是，在生存年金中，生存仅为给付的必要条件，而非充分条件。也就是说，一旦特定的人死亡，年金停止给付；特定的人生存，同样有可能得不到给付。其次，生存年金的给付期间或给付次数，事先无法确定；而确定年金的给付期间或给付次数，事前可以确定。第三，生存年金的有关计算，除考虑利息率外，还必须考虑特定的人或年金受理人的生存率；而确定年金中的计算，一般只考虑利息率。

另一方面，生存年金与确定年金也不是没有任何联系的。无论是生存年金，还是确定年金，均为年金的一种形式。年金固有的特性和性质，在它们中有所体现。此外，生存年金还可以视其给付期间是随机变量的确定年金。

生存年金按不同标准有多种分类：仅限特定的人仍在生存中终身给付年金的称为终身年金；以某一特定期间为限，且以特定的人仍生存作为给付年金金额的条件者称为定期生存年金；生存一定期间后或达到一定年龄后，且以特定的人仍生存为给付年金额的条件者称为延付年金；与延付年金相对的就是从订约年度开始，以生存为给付年金额的条件者称为即时年金；又按特定人的人数可分为以一个特定人的生存作为给付年金的单生年金以及在两个人以上的特定人群全部均生存作为年金给付条件的连生年金。此外也有以两个人以上的特定人中至少尚有一人生存作为年金给付的限制条件的最后生存者年金等。

生死年金在整个寿险中占有重要的位置。寿险中大量表现出生存年金的情形，如投保人或被保险人分期缴付的保险费，便形成一种生存年金；又如退休年金计划中，从退休之日开始每隔一定时期所作的一系列给付，形成的也是一种生存年金。这样的例子在寿险中很多。特别需要说明的是，年金保险是在被保险人的终身或在一定的期限内被保险人生存时每隔一定的时期由保险人按期支付一次年金，直至被保险人死亡或者保险期限届满时为止。很显然，从根本上讲，年金保险乃一种以生存为保险事故，其给付额由生存年金实现的生存保险。因此,研究生存年金所得出的结论,完全适用于相应的年金保险。

6.1.2 以生存为条件的一次性给付

根据前述内容,在已知复利息率 i 的条件下,n 年末 R 元的现在价值等于 $R \cdot V^n$,其中 $V = \frac{1}{1+i}$。进一步分析,如果一个人在 n 年末有 p 的可能性获得 R 元,$0 \leqslant p \leqslant 1$,那么这个人在 n 年末期望获得的值为 $A_x = 1 - d \cdot \ddot{a}_x$,显然这个期望值在 n 年初的现值为 $(R \cdot p) \cdot V^n$。

现将上述思路用于分析与人的生死有关的情形。现年 x 岁的人,若在以后的 n 年内生存,则在 n 年末它可以获得 R 元的给付;反之,若在这 n 年内死亡,则这人分文无获。试求这个人在 n 年末期望获得的给付额在 n 年初的现值。

不难得出,这个人在 n 年末期望获得的给付额为 $(R \cdot {}_np_x)$,这一给付额在 n 年初的现值为:

$$(R \cdot {}_np_x) \cdot V^n = R \cdot V^n \cdot {}_np_x$$

为区别于确定给付的现值,以生存为条件所作给付的现值,通常称作精算现值。

当 $R=1$ 时,精算现值 $R \cdot V^n \cdot {}_np_x$ 变为 $V^n \cdot {}_np_x$,其值用特定符号 ${}_nE_x$ 表示,即

$${}_nE_x = V^n \cdot {}_np_x \tag{6.1}$$

如果将前述情形视为一种以被保险人在 n 年期间内的生存为保险事故,约定给付保险金,若期内死亡,所缴保险费分文不退的纯生存保险,那么精算现值 ${}_nE_x$ 便成为被保险人或其投保人购买保险金 1 元的纯生存保险的趸缴纯保险费。

进一步,因为 ${}_nE_x = V^n \cdot {}_np_x = V^n \cdot \frac{l_{x+n}}{l_x}$,所以有:

$$l_x \cdot {}_nE_x \cdot (1+i)^n = l_{x+n}$$

该式表明:以选定的生命表为基础,活到 x 岁的 l_x 人,每人储蓄 ${}_nE_x$ 形成一笔基金,在实际利息率 i 的条件下,初始基金在 n 年底的累积值将充分提供活到 $x+n$ 岁的 l_{x+n} 人,每人 1 元的给付。这里说明了一个重要事实:活到 $x+n$ 岁的被保险人所获得的给付额,包含两个组成部分:一部分为其所缴纳的趸缴纯保险费以及此保险费产生的利息;另一部分是因为活到 $x+n$ 岁而分享到那些在 n 年内发生死亡的被保险人所丧失的利益的一定份额。所以,这里论述的基金累积,不仅包含利息的累积,而且还包含残存者获得的利益。更一般的推论是:

$${}_nE_x + {}_nE_x[(1+i)^n - 1] + {}_nE_x \cdot (1+i)^n \cdot \frac{l_x - l_{x+n}}{l_{x+n}} = 1$$

从这个关系中,我们还可以看出人寿保险的储蓄和保障等特性。

在寿险精算中,常常引进替换函数,以使结论的表述清晰、简便,运算简化。在此,定义替换函数 D_x:$D_x = V^x \cdot l_x$

从而

$${}_nE_x = V^n \cdot {}_np_x = V^n \cdot \frac{l_{x+n}}{l_x} = \frac{V^{x+n} \cdot l_{x+n}}{V^x \cdot l_x} = \frac{D_{x+n}}{D_x} \tag{6.2}$$

6.1.3 以生存为条件每年提供一次给付的生存年金

对以下将讨论的年金作出约定：年金签约年龄为 x 岁，每年以生存为条件提供的给付额为1，利息率为 i。

6.1.3.1 期初生存年金

(1) 终身生存年

记 $\ddot{a}_x$ 表示终身生存年金在 x 岁的精算现值，或终身年金保险在 x 岁的趸缴纯保险费。

终身生存年金在 x 岁的精算现值，等于以生存为条件，每年提供的给付额在 x 岁的精算现值之和。

$$\begin{aligned}\ddot{a}_x &= {}_0E_x + {}_1E_x + {}_2E_x + \cdots \\ &= \sum_{k=0}^{\infty} {}_kE_x \\ &= \sum_{k=0}^{\infty} V^k \cdot {}_kp_x \\ &= \sum_{k=0}^{\infty} \frac{D_{x+k}}{D_x} \\ &= \frac{1}{D_x} \cdot \sum_{k=0}^{\infty} D_{x+k}\end{aligned}$$

引入替换函数 $N_x = \sum_{k=0}^{\infty} D_{x+k}$，则

$$\ddot{a}_x = \frac{N_x}{D_x} \tag{6.3}$$

(2) n 年定期生存年金

记 $\ddot{a}_{x:\overline{n}|}$ 表示 n 年定期生存年金在 x 岁的精算现值。类似于终身生存年金的分析。$\ddot{a}_{x:\overline{n}|}$ 由下式决定：

$$\begin{aligned}\ddot{a}_{x:\overline{n}|} &= {}_0E_x + {}_1E_x + \cdots + {}_{n-1}E_x \\ &= \sum_{k=0}^{n-1} {}_kE_x \\ &= \frac{1}{D_x} \cdot \sum_{k=0}^{n-1} D_{x+k} \\ &= \frac{1}{D_x}\left[\sum_{k=0}^{\infty} D_{x+k} - \sum_{k=0}^{\infty} D_{x+n+k}\right] \\ &= \frac{N_x - N_{x+n}}{D_x}\end{aligned} \tag{6.4}$$

(3) n 年延付终身生存年金

记 ${}_{n|}\ddot{a}_x$ 表示 n 年延付终身生存年金在 x 岁的精算现值，那么

$${}_{n|}\ddot{a}_x = {}_nE_x + {}_{n+1}E_x + \cdots$$

$$= \frac{1}{D_x} \cdot \sum_{k=n}^{\infty} D_{x+k}$$

$$= \frac{1}{D_x} \cdot \sum_{k=o}^{\infty} D_{x+n+k} = \frac{N_{x+n}}{D_x} \tag{6.5}$$

或

$${}_{n|}\ddot{a}_x = \frac{1}{D_x} \cdot \sum_{k=n}^{\infty} D_{x+k}$$

$$= \frac{1}{D_x} \cdot \left(\sum_{k=o}^{\infty} D_{x+k} - \sum_{k=o}^{n-1} D_{x+k} \right)$$

$$= \ddot{a}_x - \ddot{a}_{x:\overline{n}|} \tag{6.6}$$

或

$${}_{n|}\ddot{a}_x = \frac{1}{D_x} \cdot \sum_{k=n}^{\infty} D_{x+k}$$

$$= \frac{D_{x+n}}{D_x} \cdot \sum_{k=o}^{\infty} \frac{D_{x+n+k}}{D_{x+n}}$$

$$= {}_nE_x \cdot \ddot{a}_{x+n} \tag{6.7}$$

(4) n 年延付 m 年定期生存年金

记 ${}_{n|m}\ddot{a}_x$ 表示 n 年延付 m 年定期生存年金在 x 岁的精算现值,那么

$${}_{n|m}\ddot{a}_x = {}_nE_x + {}_{n+1}E_x + \cdots + {}_{n+m-1}E_x$$

$$= \frac{1}{D_x} \cdot \left(\sum_{k=n}^{\infty} D_{x+k} - \sum_{k=n+m}^{\infty} D_{x+k} \right)$$

$$= \frac{N_{x+n} - N_{x+n+m}}{D_x} \tag{6.8}$$

同样,${}_{n|m}\ddot{a}_x$ 还可以表示为

$${}_{n|m}\ddot{a}_x = \ddot{a}_{x:\overline{n+m}|} - \ddot{a}_{x:\overline{n}|} \tag{6.9}$$

$${}_{n|m}\ddot{a}_x = {}_nE_x \cdot \ddot{a}_{x+n:\overline{m}|} \tag{6.10}$$

6.1.3.2 期末生存年金

(1) 终身生存年金

记 a_x 表示终身生存年金在 x 岁的精算现值,那么

$$a_x = {}_1E_x + {}_2E_x + \cdots$$

$$= \sum_{k=1}^{\infty} {}_kE_x$$

$$= \frac{N_{x+1}}{D_x} \tag{6.11}$$

(2) n 年定期生存年金

记 $a_{x:\overline{n}|}$ 表示 n 年定期生存年金在 x 岁的精算现值,那么

$$a_{x:\overline{n}|} = {}_1E_x + {}_2E_x + \cdots + {}_nE_x$$

$$= \frac{1}{D_x} \cdot \sum_{k=1}^{n} D_{x+k}$$

$$= \frac{1}{D_x}\left(\sum_{k=1}^{\infty} D_{x+k} - \sum_{k=n+1}^{\infty} D_{x+k}\right)$$

$$= \frac{N_{x+1} - N_{x+n+1}}{D_x} \tag{6.12}$$

(3) n 年延付终身生存年金

记 $_{n|}a_x$ 表示 n 年延付终身生存年金在 x 岁的精算现值,那么

$$_{n|}a_x = {}_{n+1}E_x + {}_{n+2}E_x + \cdots$$

$$= \sum_{k=n+1}^{\infty} {}_kE_x$$

$$= \frac{N_{x+n+1}}{D_x} \tag{6.13}$$

(4) n 年延付 m 年定期生存年金

记 $_{n|m}a_x$ 表示 n 年延付 m 年定期生存年金在 x 岁的精算现值,那么

$$_{n|m}a_x = {}_{n+1}E_x + {}_{n+2}E_x + \cdots + {}_{n+m}E_x$$

$$= \frac{N_{x+n+1} - N_{x+n+m+1}}{D_x} \tag{6.14}$$

6.1.3.3 期初生存年金与期末生存年金的关系

比较由替换函数表达的期初生存年金和期末生存年金的精算现值,可以发现下列事实:同类年金的精算现值表达式中,分母相同,只是在分子的替换函数中,期末生存年金替换函数的年龄,比期初生存年金替换函数的年龄大一岁。认识到这种特征,对公式的记忆是有很大帮助的。

期初生存年金与期末生存年金的关系,这里讨论它们各自精算现值之间的关系。以下分析两组常见的关系。

第一组关系:

$$a_x = \ddot{a}_x - 1 \tag{6.15}$$

$$a_{x:\overline{n|}} = \ddot{a}_{x:\overline{n|}} + {}_nE_x - 1 \tag{6.16}$$

$$_{n|}a_x = {}_{n|}\ddot{a}_x - {}_nE_x \tag{6.17}$$

下面是这些关系的验证及其解释:

$$\ddot{a}_x - 1 = \frac{N_x}{D_x} - 1 = \frac{N_x - D_x}{D_x} = \frac{N_{x+1}}{D_x} = a_x$$

$$\ddot{a}_{x:\overline{n|}} + {}_nE_x - 1 = \frac{N_x - N_{x+n}}{D_x} + \frac{D_{x+n}}{D_x} - 1$$

$$= \frac{(N_x - D_x) - (N_{x+n} - D_{x+n})}{D_x}$$

$$= \frac{N_{x+1} - N_{x+n+1}}{D_x}$$

$$= a_{x:\overline{n|}}$$

$$_{n|}\ddot{a}_x - {}_nE_x = \frac{N_{x+n}}{D_x} - \frac{D_{x+n}}{D_x} = \frac{N_{x+n+1}}{D_x} = {}_{n|}a_x$$

期初生存年金与期末生存年金均以生存为条件提供给付，只是两者每次支付的给付相差一年。据此 $a_x = \ddot{a}_x - 1$ 是直观的。至于 n 年定期生存年金，若 x 岁的人在 n 年末仍生存，便提供生存给付额 1，此给付额在 x 岁的精算现值为 ${}_nE_x$。从而 $\ddot{a}_{x:\overline{n|}}$ 与 ${}_nE_x$ 之和扣除期初生存年金在 x 岁的第一次给付额 1，即为 $a_{x:\overline{n|}}$。类似地，${}_{n|}a_x$ 与 ${}_nE_x$ 之和等于 ${}_{n|}\ddot{a}_x$，即 ${}_{n|}a_x = {}_{n|}\ddot{a}_x - {}_nE_x$

第二组关系：

$$\ddot{a}_{x:\overline{n|}} = a_{x:\overline{n-1|}} + 1 \tag{6.18}$$

$$_{n|}\ddot{a}_x = {}_{n-1|}a_x \tag{6.19}$$

$$_{n|m}\ddot{a}_x = {}_{n-1|m}a_x \tag{6.20}$$

其验证和解释类似于第一组关系。

例6-1 某年金保单规定，若被保险人活到50岁，被保险人可获得10 000元给付且保单期满；保单还规定有选择权，活到50岁不领取给付额，改作方式：在50岁以后的10年里以及60岁后仍存活的时间里，每年年初获得相等的给付额。如果被保险人在50～60岁之间发生死亡，那么保单将对他的继承人提供给付额，直至10次给付支付完毕为止。试求这个保单持有人按选择计划每年可以获得若干给付额。计算以附录3为基础。

解：设所求年给付额为 x。保单持有人的选择，实质上为他将一次性给付额 10 000 元分解为年金给付。从而

$$x(\ddot{a}_{\overline{10|}} + {}_{10|}\ddot{a}_{50}) = 10\,000$$

$$x = \frac{10\,000}{\ddot{a}_{\overline{10|}} + {}_{10|}\ddot{a}_{50}} = \frac{10\,000}{\ddot{a}_{\overline{10|}} + {}_{10}E_{50} \cdot \ddot{a}_{50}}$$

$$= \frac{10\,000}{8.974\,15 \times (1 + 2.5\%) + 0.7508 \times 21.785}$$

$$= 391.29(\text{元})$$

6.1.3.4 生存年金的精算终值

上面讨论了生存年金的精算现值或者年金保险，包括纯生存保险的趸缴纯保险费的计算原理。下面将从另一个角度考察生存年金，研究其精算终值的意义及其计算。

首先，考察一次性给付对应的精算终值。

假定一个年龄是 x 岁的人，存入 1 个单位货币，形成一笔基金。基金的年利息率是 i。那么这个人活到 n 年末一次性可获得多少金额？

令这个人活到 n 年末一次性可以获得的金额为 X，那么这个人在 n 年末期望获得的金额为 $X \cdot {}_np_x$。显然这一金额在 n 年初的现值，等于最初的投入金额。从而 X 取决于

$$1 = (X \cdot {}_np_x) \cdot V^n$$

$$X = \frac{(1+i)^n}{{}_np_x} = \frac{1}{{}_nE_x}$$

进一步，$\frac{1}{{}_{n}E_{x}}$ 可以用如下方式表达：

当 $n > t$ 时，

$${}_{n}E_{x} = \frac{D_{x+n}}{D_{x}} = \frac{D_{x+t}}{D_{x}} \cdot \frac{D_{x+t+n-t}}{D_{x+t}} = {}_{n}E_{x} \cdot {}_{n-t}E_{x+t}$$

由此

$$\frac{1}{{}_{n}E_{x}} = \frac{1}{{}_{t}E_{x} \cdot {}_{n-t}E_{x+t}} \text{或者} \frac{1}{{}_{n-t}E_{x+t}} = \frac{{}_{t}E_{x}}{{}_{n}E_{x}} \tag{6.21}$$

其次，考察生存年金的精算终值。

很明显，只有定期生存年金才有精算终值。因此以下就年给付额为1的 n 年期生存年金精算终值进行讨论。

(1) 期末生存年金

用符号 $S_{x:\overline{n}|}$ 表示 n 年期末生存年金在 n 年末的精算终值。借助于一次性给付对应的精算终值，$S_{x:\overline{n}|}$ 有下列表达式：

$$\begin{aligned} S_{x:\overline{n}|} &= \frac{1}{{}_{n-1}E_{x+1}} + \frac{1}{{}_{n-2}E_{x+2}} + \cdots + \frac{1}{{}_{0}E_{x+n}} \\ &= \frac{{}_{1}E_{x}}{{}_{n}E_{x}} + \frac{{}_{2}E_{x}}{{}_{n}E_{x}} + \cdots + \frac{{}_{n}E_{x}}{{}_{n}E_{x}} \\ &= \frac{a_{x:\overline{n}|}}{{}_{n}E_{x}} \end{aligned} \tag{6.22}$$

(2) 期初生存年金

用符号 $\ddot{S}_{x:\overline{n}|}$ 表示 n 年期初生存年金在 n 年末的精算终值。类似的，

$$\begin{aligned} \ddot{S}_{x:\overline{n}|} &= \frac{1}{{}_{n}E_{x}} + \frac{1}{{}_{n-1}E_{x}} + \cdots + \frac{1}{{}_{1}E_{x}} \\ &= \frac{1}{{}_{n}E_{x}} + \frac{{}_{1}E_{x}}{{}_{n}E_{x}} + \cdots + \frac{{}_{n-1}E_{x}}{{}_{n}E_{x}} \\ &= \frac{\ddot{a}_{x:\overline{n}|}}{{}_{n}E_{x}} \end{aligned} \tag{6.23}$$

例6－2　某个年龄30岁的人，希望在他活到60岁时开始提供年给付额2000元的生存年金。该人参加的年金保单规定：如果他在60岁以前死亡，那么他得不到任何退还和给付。问这个人要实现他的愿望，在30～60岁之间，每年年初应存入保险公司多大的金额，用替换函数表达所求结果。

解：设 R 为30～60岁之间每年年初应存入保险公司的金额。按照题意，保险公司所提供的生存年金在60岁的精算现值，应当等于投保人每年年初存入金额形成的30年期初生存年金在60岁时的精算终值。用符号表达式为：

$$R \cdot \ddot{S}_{30:\overline{30}|} = 2000\ddot{a}_{60}$$

$$R = \frac{2000\ddot{a}_{60}}{\ddot{S}_{30:\overline{30}|}} = \frac{2000N_{60}}{N_{30} - N_{60}}$$

*6.1.3.5 变动给付生存年金

(1) 期初生存年金

递增终身生存年金。用$(I\ddot{a})_x$表示如下递增期初终身生存年金在x岁的精算现值：第一年年初给付额为1，第二年年初给付额为2……。每年年初给付额较上一年年初给付额增加1，直至死亡发生停止给付为止。

$(I\ddot{a})_x$有如下多种表达方式：

$$(I\ddot{a})_x = \sum_{k=0}^{\infty} {}_{k|}\ddot{a}_x = \frac{1}{D_x} \cdot \sum_{k=0}^{\infty} N_{x+k}$$

$$= \frac{1}{D_x} \cdot \sum_{k=0}^{\infty} (k+1) \cdot D_{x+k}$$

$$= \frac{S_x}{D_x} I\ddot{a} \tag{6.24}$$

其中：S_x为替换函数且定义$S_x = \sum_{k=0}^{\infty} N_{x+k}$。

递增定期生存年金。用$(I\ddot{a})_{x:\overline{n}|}$表示如下给付的$n$年递增生存年金在$x$岁的精算现值：第一年年初给付额为1，第二年年初给付额为2……。每年年初给付额交上一年年初给付额增加1，直至第n年年初给付额为n止。

$(I\ddot{a})_{x:\overline{n}|}$可以表达为：

$$(I\ddot{a})_{x:\overline{n}|} = \sum_{k=0}^{n-1} {}_{k|n-k}\ddot{a}_x$$

$$= \frac{1}{D_x} \cdot \sum_{k=0}^{n-1} (N_{x+k} - N_{x+n})$$

$$= \frac{1}{D_x} \cdot \sum_{k=0}^{n-1} (k+1) \cdot D_{x+k}$$

$$= \frac{S_x - S_{x+n} - n \cdot N_{x+n}}{D_x} \tag{6.25}$$

递增水平终身生存年金。基本条件如同上述n年递增生存年金，进一步假定如果被保险人在$x+n$岁以及以后的每年年初仍生存，便继续提供给付，其给付额均为n。像这样的给付额所形成的递增水平生存年金，在x岁的精算现值记作$(I_{\overline{n}|}\ddot{a})_x$，且

$$(I_{\overline{n}|}\ddot{a})_x = \sum_{k=0}^{n-1} {}_{k|}\ddot{a}_x$$

$$= \frac{1}{D_x} \cdot \left(\sum_{k=0}^{n-1} (k+1) \cdot D_{x+k} + n \cdot N_{x+n} \right)$$

$$= \frac{1}{D_x} \cdot \sum_{k=0}^{n-1} N_{x+k}$$

$$= \frac{S_x - S_{x+n}}{D_x} \tag{6.26}$$

递减定期生存年金。约定$(D\ddot{a})_{x:\overline{n}|}$表示如下$n$年递减生存年金在$x$岁的精算现值。第

一年年初给付额为n,第二年年初给付额为$n-1$……第n年年初给付额为1。以后年度之初即便生存概不给付,那么

$$
\begin{aligned}
(D\ddot{a})_{x:\overline{n}|} &= \sum_{k=1}^{n} \ddot{a}_{x:\overline{k}|} \\
&= \frac{1}{D_x} \cdot \sum_{k=0}^{n} (n-k) \cdot D_{x+k} \\
&= \frac{1}{D_x} \cdot \sum_{k=1}^{n} (N_x - N_{x+k}) \\
&= \frac{n \cdot N_{x+n} - (S_{x+1} - S_{x+n+1})}{D_x} \qquad (6.27)
\end{aligned}
$$

例 6-3 现年30岁的人具有给付额分别为500元、450元、400元、350元、300元以及250元的6年期初生存年金。试写出由替换函数表达的,计算该种年金精算现值的表达式。

解:令R表示所求的精算现值。

$$
\begin{aligned}
R &= 550\ddot{a}_{30:\overline{6}|} - 50(I\ddot{a})_{30:\overline{6}|} \\
&= 550 \cdot \frac{N_{30} - N_{36}}{D_{30}} - 50 \cdot \frac{S_{30} - S_{36} - 6 \cdot N_{36}}{D_{30}} \\
&= \frac{50(11N_{30} - S_{30} + S_{36} - 5N_{36})}{D_{30}} \\
&= \frac{50(10N_{30} - S_{31} + S_{36} - 5N_{36})}{D_{30}}
\end{aligned}
$$

(2) 期末生存年金

基本约定类似于期初生存年金,只是相应的给付在期末发生。与期初生存年金讨论平行的期末生存年金的精算现值表达式分别是:

$$(Ia)_x = \frac{S_{x+1}}{D_x} \qquad (6.28)$$

$$(Ia)_{x:\overline{n}|} = \frac{S_{x+1} - S_{x+n+1} - n \cdot N_{x+n+1}}{D_x} \qquad (6.29)$$

$$(I_{\overline{n}|}a)_x = \frac{S_{x+1} - S_{x+n+1}}{D_x} \qquad (6.30)$$

$$(Da)_{x:\overline{n}|} = \frac{n \cdot N_{x+1} - (S_{x+2} - S_{x+n+2})}{D_x} \qquad (6.31)$$

*6.1.4 以生存为条件每年提供数次给付的生存年金

在实际中,生存年金并不只限于每年给付一次。存在大量每隔半年、一个季度,一个月等给付一次的生存年金。

对所要讨论的生存年金作如下假定:签约年龄均为x岁。年给付额为1,分期m次支付,且每次支付额都是$\frac{1}{m}$,年利息率为i。

(1) 期末生存年金

终身生存年金。用 $a_x^{(m)}$ 表示满足上述假定的期末生存年金在 x 岁的精算现值。由于该年金可以视作一系列一次性给付在 x 岁的精算现值之和，所以 $a_x^{(m)}$ 可以表示为：

$$a_x^{(m)} = \frac{1}{m} \cdot {}_{\frac{1}{m}}E_x + \frac{1}{m} \cdot {}_{\frac{2}{m}}E_x + \frac{1}{m} \cdot {}_{\frac{3}{m}}E_x + \cdots \tag{6.32}$$

经过前人的长期探索，精算中对 $\sum_{i=1}^{\infty} D_{x+\frac{i}{m}}$ 已经产生了多种近似表达式。其中在保险实务中常采用的是 Woolhouse 给出的近似公式。

运用 Woolhouse 近似公式，$a_x^{(m)}$ 有如下近似计算表达式：

$$a_x^{(m)} \approx a_x + \frac{m-1}{2m} = \frac{N_{x+1} + \frac{m-1}{2m} \cdot D_x}{D_x} \tag{6.33}$$

延付生存年金。用 ${}_{n|}a_x^{(m)}$ 表示 n 年延付生存年金在 x 岁的精算现值。${}_{n|}a_x^{(m)}$ 可以转化为终身生存年金来计算。

$$\begin{aligned} {}_{n|}a_x^{(m)} &= {}_nE_x \cdot a_{x+n}^{(m)} \doteq {}_nE_x \left(a_{x+n} + \frac{m-1}{2m}\right) \\ &= {}_{n|}a_x + \frac{m-1}{2m} \cdot {}_nE_x \\ &= \frac{N_{x+n+1} + \frac{m-1}{2m} \cdot D_{x+n}}{D_x} \end{aligned} \tag{6.34}$$

n 年定期生存年金。用 $a_{x:\overline{n|}}^{(m)}$ 表示 n 年定期生存年金在 x 岁的精算现值。那么，

$$\begin{aligned} a_{x:\overline{n|}}^{(m)} &= a_x^{(m)} - {}_{n|}a_x^{(m)} \\ &\approx \frac{N_{x+1} - N_{x+n+1} + \frac{m-1}{2m} \cdot (D_x - D_{x+n})}{D_x} \end{aligned} \tag{6.35}$$

(2) 期初生存年金

类似于期末生存年金的推导，运用 Woolhouse 近似公式，可以得到期初付生存年金的精算现值的如下近似表达式：

$$\ddot{a}_x^{(m)} \approx \ddot{a}_x - \frac{m-1}{2m} \tag{6.36}$$

6.2 人寿保险

一个人面临的主要人身风险有两种：一是活得太久；二是过早死亡。一人活得太久，可能引起正常收入来源减少及其他所需支出增大，从而导致收入难以维持支出。为维持老年正常生活需要，活得太久的人身风险，一般可由年金保险提供的经济保障来处理。有关年金保险的基本计算原理，在上一节已经较为详细地讨论过了。另一方面，一个人相对

于本应存活的年数而死得太早，不仅令人痛苦，而且死亡将导致遗属收入来源的短缺，影响遗属的经济生活。死得太早的人身风险，通常由人寿保险中的死亡保险提供的经济保障来处理。人寿保险，严格地说，仅为人身保险的一种，它以人的生死为保险事故（这里死亡不问原因系伤害和疾病等），由保险人依照合同负给付保险金额责任的保险。人寿保险通常划分为生存保险（含年金保险）、死亡保险以及生死合险（两全保险、储蓄保险）三类。因此本章讨论人寿保险，主要限于讨论死亡保险的趸缴纯保险费。此外结合上一节的有关结论，还将讨论生死合险的趸缴纯保险费。

6.2.1 趸缴纯保险费及其基本假定

趸缴纯保险费，就是投保人或被保险人在保险单签发之日一次性交付的纯保险费。它是投保人或被保险人实际缴纳的保险费，扣除附加保险费的余额。在人寿保险中，纯保险费的计算系以预定死亡率和预定利息率为主要因素，按收支相等原则，依年龄分别计算的。保险人筹集的纯保险费，用于抵补保险金额的给付。

为计算趸缴纯保险费，特作如下基本约定，并给出计算趸缴纯保费的一般数理原理：被保险人死亡时间具有不确定性，对于同一年龄 x 岁的签约人，给付的保险金额相同，但折现到签约时的精算现值不尽相同。

为此，我们约定：给付额的现值函数是：

$$Z_t = b_t V_t$$

其中：b_t：给付额，

V_t：折现因子或称贴现因子，

Z_t：给付额在保单签发之日的现值。

很显然，t 取不同的值，Z_t 有不同的表达式。在死亡保险中，如果死亡给付额在死亡发生年度末支付或在死亡发生后立刻支付，那么与这两种方式相对应，在 x 岁签发的寿险合同，t 取值如下：

$$t = \begin{cases} K+1 \text{ 对应于死亡年度末给付} \\ T \text{ 对应于死亡后立刻给付} \end{cases}$$

K 和 T 在此所代表的意义与第 4 节所定义的含义相同。

所以，不同时刻的给付额相应的现值函数的具体形式为：

$$Z = \begin{cases} b_{k+1} \cdot V^{k+1} \\ b_T \cdot V^T \end{cases}$$

根据“收支平衡原则”，在签单生效之日，保险人未来预期支出的保险额的现值，就是保险人应筹集或收取的趸缴纯保险费。即：

$$\text{趸缴纯保险费} = E(Z) = \begin{cases} E(b_{k+1} \cdot V^{k+1}) \\ E(b_T \cdot V^T) \end{cases}$$

可见，死亡保险趸缴纯保险费的计算，就是计算保额现值函数的数学期望值。因为不同险种，不同保额，有不同的表达式。所以，以下的内容就是分主要险种讨论相应期望值的具体表达式。

6.2.2 在死亡发生年度末提供保额的寿险

6.2.2.1 终身人寿保险

终身人寿保险有时简称终身险,或终身寿险,或终身保险。该保险的保险期间是被保险人的一生,仅于被保险人死亡时给付保险金的死亡保险。

设 A_x 表示 x 岁的人签发的,保险金额为 1 元的终身人寿保险的趸缴纯保费。按前述一般原理:

$$
\begin{aligned}
A_x &= E(Z) = E(b_{k+1} \cdot V^{k+1}) = E(1 \cdot V^{k+1}) \\
&= \sum_{k=o}^{\infty} V^{k+1} \cdot P(K = k) \\
&= \sum_{k=0}^{\infty} V^{k+1} \cdot {}_kp_x \cdot q_{x+k} \\
&= \sum_{k=0}^{\infty} V^{k+1} \cdot \frac{d_{x+k}}{l_x} \\
&= \frac{1}{V^x \cdot l_x} \sum_{k=0}^{\infty} V^{x+k+1} \cdot d_{x+k}
\end{aligned}
$$

定义替换函数:

$$C_x = V^{x+1} \cdot d_x$$

$$M_x = C_x + C_{x+1} + \cdots$$

V 是按预定利率 i 计算的折现因子。

于是,

$$A_x = \frac{M_x}{D_x} \tag{6.37}$$

当终身寿险的保险金额为 R 时,其趸缴纯保险费为:

$$R \cdot A_x = R \cdot \frac{M_x}{D_x}$$

6.2.2.2 定期人寿保险

死亡保险中,保险期间以一定时期为限的称为定期保险。定期保险仅于被保险人在保险期间内死亡时给付保险金,生存至满期则分文不付,保险费是有去无还的。

用 $A^{1}_{x:\overline{n|}}$ 表示关于 x 岁的人签发的,保险金额为 1 元的 n 年定期(死亡)保险的趸缴纯保险费,则:

$$
\begin{aligned}
A^{1}_{x:\overline{n|}} &= E(Z) = E(b_{k+1} \cdot V^{k+1}) \quad (k = 0,1,2,\cdots,n-1) \\
&= \sum_{k=o}^{n-1} V^{k+1} \cdot P(K = k) + \sum_{k=n}^{\infty} 0 \cdot V^{k+1} \cdot P(K = k) \\
&= \sum_{k=0}^{n-1} V^{k+1} \cdot {}_kp_x \cdot q_{x+k} \\
&= \frac{1}{V^x \cdot l_x} \cdot \sum_{k=0}^{n-1} V^{x+k+1} \cdot d_{x+k}
\end{aligned}
$$

$$= \frac{M_x - M_{x+n}}{D_x} \tag{6.38}$$

特别地，关于 x 岁的人的一年定期保险的趸缴纯保费费，称之为在 x 岁的自然保险费。通常 x 岁的自然保险费用符号 $A^{1}_{x:\overline{1}|}$ 表示。按其定义：

$$A^{1}_{x:\overline{1}|} = \frac{M_x - M_{x+1}}{D_x} = \frac{C_x}{D_x}$$

当死亡率等于 q_x 时，被保险人投保保险金额为1元的一年定期死亡保险的纯保险费为 $V \cdot q_x$ 或者 $\int_0^1 V^t \cdot {}_tp_x \cdot \mu_{x+t}\mathrm{d}t$。$\int_0^1 V^t \cdot {}_tp_x \cdot \mu_{x+t}\mathrm{d}t$ 通常用 $V^{\frac{1}{2}} \cdot q_x$ 近似的计算。这样，以每年更新续保为条件，签订一年定期保险合同时，各年度的纯保险费 $V \cdot q_x$ 或者 $\int_0^1 V^t \cdot {}_tp_x \cdot \mu_{x+t}\mathrm{d}t (\approx V^{\frac{1}{2}} \cdot q_x)$，就称作自然保险费。显然，自然保险费与死亡率成正比，随着被保险人的年龄增长，死亡率通常也增大，从而自然保险费也逐渐增大。

6.2.2.3 延期人寿保险

延期人寿保险有两种基本形式：延期终身人寿保险和延期定期人寿保险。不论是何种形式，延期人寿保险仅限于被保险人在指定保险期间内死亡时给付保险金，在延长期内死亡分文不付保险金。

(1) 延期终身人寿保险

用 ${}_{r|}A_x$ 表示关于 x 岁的人签发的，保险金额为1元的 r 年延期终身保险的趸缴纯保险费。

$$\begin{aligned}
{}_{r|}A_x &= E(Z) = E(b_{k+1} \cdot V^{k+1}) \quad (k = 0,1,2,\cdots) \\
&= \sum_{k=o}^{r-1} 0 \cdot V^{k+1} \cdot P(K = k) + \sum_{k=r}^{\infty} 1 \cdot V^{k+1} \cdot P(K = k) \\
&= \sum_{k=r}^{\infty} V^{k+1} \cdot {}_kp_x \cdot q_{x+k} \\
&= \frac{1}{V^x \cdot l_x} \cdot \sum_{k=r}^{\infty} V^{x+k+1} \cdot d_{x+k} \\
&= \frac{M_{x+r}}{D_x}
\end{aligned} \tag{6.39}$$

${}_{r|}A_x$ 也可以按如下方式获得：

$$\begin{aligned}
{}_{r|}A_x &= A_x - A^{1}_{x:\overline{n}|} \\
&= \frac{M_x}{D_x} - \frac{M_x - M_{x+r}}{D_x} \\
&= \frac{M_{x+r}}{D_x}
\end{aligned} \tag{6.40}$$

(2) 延期定期人寿保险

用 ${}_{r|n}A_x$ 表示关于 x 岁的人签发的，保险金额为1元的 r 年延期 n 年定期人寿定期保险的趸缴纯保险费。

$$
\begin{aligned}
{}_{r|n}A_x &= E(Z) = E(b_{k+1} \cdot V^{k+1}) \\
&= \sum_{k=o}^{r-1} 0 \cdot V^{k+1} \cdot P(K=k) + \sum_{k=r}^{r+n-1} 1 \cdot V^{k+1} \cdot P(K=k) + \sum_{k=r+n}^{\infty} 0 \cdot V^{k+1} \cdot P(K=k) \\
&= \sum_{k=r}^{r+n-1} V^{k+1} \cdot {}_kp_x \cdot q_{x+k} \\
&= \frac{1}{V^x \cdot l_x} \cdot \sum_{k=r}^{r+n-1} V^{x+k+1} \cdot d_{x+k} \\
&= \frac{M_{x+r} - M_{x+r+n}}{D_x} \qquad (6.41)
\end{aligned}
$$

或者运用关系 ${}_{r|n}A_x = A^1_{x:\overline{r+n}|} - A^1_{x:\overline{r}|}$

$$
\begin{aligned}
&= \frac{M_x - M_{x+r+n}}{D_x} - \frac{M_x - M_{x+r}}{D_x} \\
&= \frac{M_{x+r} - M_{x+r+n}}{D_x} \qquad (6.42)
\end{aligned}
$$

6.2.2.4 两全保险

两全保险，是指被保险人于保险期间内死亡，或生存到保险期间终了时，均给付保险金的一种保险形式。从构造上看，两全保险是由生存保险与死亡保险合并而成的，故又称为生死合险。但是两全保险并不是将生存保险附加于死亡保险，而是将两者合而为一，计算保险费。

若用 $A_{x:\overline{n}|}$ 表示 x 岁的人签发的，保险金额为 1 元的 n 年两全保险的趸缴纯保险费，则 $A_{x:\overline{n}|}$ 也可按一般原理求得，即：

$$
\begin{aligned}
A_{x:\overline{n}|} &= E(Z) = E(b_{k+1} \cdot V^{k+1}) \\
&= \sum_{k=o}^{n-1} V^{k+1} \cdot P(K=k) + \sum_{k=n}^{\infty} \cdot V^n \cdot P(K=k) \\
&= \sum_{k=0}^{n-1} V^{k+1} \cdot {}_kp_x \cdot q_{x+k} + \sum_{k=n}^{\infty} V^n \cdot {}_kp_x \cdot q_{x+k} \\
&= A^1_{x:\overline{n}|} + V^n \cdot \sum_{k=n}^{\infty} {}_kp_x \cdot q_{x+k} \\
&= A^1_{x:\overline{n}|} + V^n \cdot {}_np_x \\
&= A^1_{x:\overline{n}|} + {}_nE_x \qquad (6.43)
\end{aligned}
$$

在寿险中，${}_nE_x$ 常用专门符号 $A_{x:\overset{1}{\overline{n}|}}$ 代替，即 ${}_nE_x = A_{x:\overset{1}{\overline{n}|}}$，于是

$$
\begin{aligned}
A_{x:\overline{n}|} &= A^1_{x:\overline{n}|} + A_{x:\overset{1}{\overline{n}|}} \\
&= \frac{M_x - M_{x+n} + D_{x+n}}{D_x} \qquad (6.44)
\end{aligned}
$$

例6-4 某人在 30 岁购买了 20 年生死合险，被保险人在 20 年内死亡，给付 2000 元，在二十年年末生存，给付 3000 元，以后生死均不给付，问这个人在 30 岁应缴纳多少趸缴纯保险费？（给付在死亡年末实现，计算以附录 3 为基础。）

解:设趸缴纯保险费为 NSP,

$$NSP = 2000A^{1}_{30:\overline{20}|} + 3000 \cdot {}_{20}E_{30}$$
$$= 2000\frac{M_{30} - M_{50}}{D_{30}} + 3000\frac{D_{50}}{D_{30}}$$
$$= 1821.47\ (\text{元})$$

*6.2.3 在死亡后立刻提供保额的寿险

假定本节讨论的寿险,保险金额为 1 元,于死亡发生后立即给付;签发保单年龄是 x 岁(也就是计算趸缴纯保险费的年龄)。

6.2.3.1 终身人寿保险

设 $\bar{A}_x$ 表示 x 岁的人签发的,保险金额为 1 元的终身人寿保险的趸缴纯保费。按前述一般原理:

$$\bar{A}_x = E(Z) = E(b_T \cdot V^T) = E(1 \cdot V^T)$$
$$= \int_0^{\infty} V^t \cdot {}_tp_x \cdot \mu_{x+t} \cdot \mathrm{d}t$$
$$= \int_0^{\infty} V^t \cdot \frac{l_{x+t}}{l_x} \cdot \mu_{x+t} \cdot \mathrm{d}t$$

定义替换函数:

$$\bar{C}_x = \int_0^1 V^{x+t} \cdot l_{x+t} \cdot \mu_{x+t} \cdot \mathrm{d}t$$
$$= \int_0^1 D_{x+t} \cdot \mu_{x+t} \cdot \mathrm{d}t$$
$$\bar{M}_x = \bar{C}_x + \bar{C}_{x+1} + \cdots$$
$$= \int_0^{\infty} D_{x+t} \cdot \mu_{x+t} \cdot \mathrm{d}t$$

从而,进一步有

$$\bar{A}_x = \frac{1}{D_x} \cdot \int_0^{\infty} V^{x+t} \cdot l_{x+t} \cdot \mu_{x+t} \cdot \mathrm{d}t$$
$$= \frac{1}{D_x} \cdot \int_0^{\infty} D_{x+t} \cdot \mu_{x+t} \cdot \mathrm{d}t$$
$$= \frac{\bar{M}_x}{D_x} \tag{6.45}$$

6.2.3.2 n 年定期人寿保险

用 $\bar{A}^{1}_{x:\overline{n}|}$ 表示关于 x 岁的人签发的,保险金额为 1 元的 n 年定期(死亡)保险的趸缴纯保险费,则:

$$\bar{A}^{1}_{x:\overline{n}|} = E(Z) = E(b_T \cdot V^T)$$
$$= \int_0^{n} V^t \cdot {}_tp_x \cdot \mu_{x+t} \cdot \mathrm{d}t + \int_n^{\infty} 0 \cdot V^t \cdot {}_tp_x \cdot \mu_{x+t} \cdot \mathrm{d}t$$

$$= \frac{1}{D_x} \cdot \int_0^n D_{x+t} \cdot \mu_{x+t} \cdot \mathrm{d}t$$

$$= \frac{\bar{M}_x - \bar{M}_{x+n}}{D_x} \qquad (6.46)$$

6.2.3.3　n 年延期终身人寿保险

用 ${}_{n|}\bar{A}_x$ 表示关于 x 岁的人签发的,保险金额为1元的 n 年延期终身保险的趸缴纯保险费。

$${}_{n|}\bar{A}_x = E(Z) = E(b_T \cdot V^T)$$

$$= \int_0^n 0 \cdot V^t \cdot {}_tp_x \cdot \mu_{x+t} \cdot \mathrm{d}t + \int_n^\infty V^t \cdot {}_tp_x \cdot \mu_{x+t} \cdot \mathrm{d}t$$

$$= \frac{1}{D_x} \cdot \int_n^\infty D_{x+n+t} \cdot \mu_{x+n+t} \cdot \mathrm{d}t$$

$$= \frac{\bar{M}_{x+n}}{D_x} \qquad (6.47)$$

${}_{n|}\bar{A}_x$ 也可以按如下方式获得:

$${}_{n|}\bar{A}_x = \bar{A}_x - \bar{A}^1_{x:\overline{n|}}$$

$$= \frac{\bar{M}_x}{D_x} - \frac{\bar{M}_x - \bar{M}_{x+n}}{D_x}$$

$$= \frac{\bar{M}_{x+n}}{D_x} \qquad (6.48)$$

6.2.3.4　n 年两全保险

若用 $\bar{A}_{x:\overline{n|}}$ 表示 x 岁的人签发的,保险金额为 1 元的 n 年两全保险的趸缴纯保险费,则 $\bar{A}_{x:\overline{n|}}$ 也可按一般原理求得,即:

$$\bar{A}_{x:\overline{n|}} = E(Z) = E(b_T \cdot V^T)$$

$$= \int_0^n V^t \cdot {}_tp_x \cdot \mu_{x+t} \cdot \mathrm{d}t + \int_n^\infty V^n \cdot {}_tp_x \cdot \mu_{x+t} \cdot \mathrm{d}t$$

$$= \bar{A}^1_{x:\overline{n|}} + {}_nE_x \quad (\text{这里}\ {}_nE_x = A_{x:\overline{n|}}^{\ \ 1})$$

$$= \frac{\bar{M}_x - \bar{M}_x + D_{x+n}}{D_x} \qquad (6.49)$$

在死亡后立刻提供保额的寿险的趸缴纯保险费,也可以转化由 A_x,$A^1_{x:\overline{n|}}$,及 ${}_{n|}A_x$ 等来计算。例如:

$$\bar{A}_x = \int_0^\infty V^t \cdot {}_tp_x \cdot \mu_{x+t} \cdot \mathrm{d}t$$

$$= \sum_{k=0}^\infty \int_k^{k+1} V^t \cdot {}_tp_x \cdot \mu_{x+t} \cdot \mathrm{d}t$$

$$\doteq \sum_{k=0}^\infty V^{k+1}_k p_x \cdot q_{x+k} \cdot \int_0^1 V^{s-1} \cdot \mathrm{d}s$$

$$= \frac{i}{\delta} \sum_{k=0}^\infty V^{k+1}_k p_x \cdot q_{x+k}$$

$$= \frac{i}{\delta}A_x \tag{6.50}$$

* **例 6－5** 某人在 30 岁购买了 30 年定期死亡保险，死亡发生 t 后立刻给付额为 $e^{0.05t}$，假定被保险人死亡服从 $l_x = 100 - x, 0 \leqslant x \leqslant 100$，并且已知息力 $\delta = 0.05$，问这个人在 30 岁应缴纳多少趸缴纯保险费？

解：设趸缴纯保险费为：

$$E(e^{0.05t} \cdot V^t) = \int_0^{30} e^{0.05t} \cdot e^{-0.05t} \cdot \frac{1}{70}\mathrm{d}t = \frac{3}{7} \doteq 0.4286$$

6.2.4 人寿保险与生存年金的关系

人寿保险与生存年金的关系，这里是指人寿保险的趸缴纯保险费和生存年金的精算现值之间的相互关系。我们以在死亡年度末提供保额的寿险和以生存为条件年给付一次的生存年金之间的相互关系为例。

在死亡年度末提供保额的寿险的趸缴纯保险费和以生存为条件年给付一次的生存年金的精算现值之间有如下关系：

$$A_x = V \cdot \ddot{a}_x - a_x \tag{6.51}$$

或
$$A_x = 1 - d \cdot \ddot{a}_x \tag{6.52}$$

因为
$$C_x = V^{x+1} \cdot d_x = V^{x+1}(l_x - l_{x+1}) = V \cdot D_x - D_{x+1}$$
$$C_{x+1} = V \cdot D_{x+1} - D_{x+2}$$
$$\cdots\cdots$$
$$C_{x+t} = V \cdot D_{x+t} - D_{x+t+1}$$

将等式两边分别相加，得

$$M_x = V \cdot N_x - N_{x+1}$$

再在两边同除以 D_x，就可以推出：

$$A_x = V \cdot \ddot{a}_x - a_x$$

进一步，由

$$\begin{aligned} A_x &= V \cdot \ddot{a}_x - a_x \\ &= V \cdot \ddot{a}_x - (\ddot{a}_x - 1) \\ &= 1 - (1 - V) \cdot \ddot{a}_{xx} \\ &= 1 - d \cdot \ddot{a}_x \end{aligned}$$

下面对 $A_x = V\ddot{a}_x - a_x$ 给予解释：考虑 x 岁的人所进入的每年年初给付 V 的生存年金和 x 岁的人已度过的每年年末给付 1 的生存年金。显然，第一种年金比第二种年金多含一次给付，亦就是在 x 岁发生死亡那年的年初给付的 V。因为在任何一年年初给付 V，等价于在那年年末给付 1，所以上述两种年金之差表示在 x 岁的人发生死亡那年的年初给付 V。这种给付 V 累积到 x 岁的人死亡那年的年末的值就为 1；从而两种年金的现值之差就是 x 岁的人在死亡年末给付 1 的现值，也就是 A_x。

类似地，对 $A_x = 1 - d \cdot \ddot{a}_x$ 作如下的解释：假设为 x 岁的人的余命投资 1 元，利息率为

i。在任何一年的年末给付的利息 i，等价在那年年初给付 $i \cdot d$ 或 d。这样原始投资的 1 元便产生了以 x 岁的人的余命为条件的，给付 d 元的期初生存年金，而且在 x 岁的人死亡那年的年末返还 1 元本金。于是有关系式：

$$1 = d \cdot \ddot{a}_x + A_x$$

其次，死亡年末提供给付的定期死亡保险或两全保险与定期生存年金有类似的关系和相似的解释，即：

$$A_{x:\overline{n}|} = V \cdot \ddot{a}_{x:\overline{n}|} - a_{x:\overline{n-1}|} \tag{6.53}$$

事实上，$C_x = V \cdot D_x - D_{x+1}$

$$C_{x+1} = V \cdot D_{x+1} - D_{x+2}$$

……

$$C_{x+n-1} = V \cdot D_{x+n-1} - D_{x+n}$$

等式两边分别相加得到：

$$M_x - M_{x+n} = V \cdot (N_x - N_{X+1}) - (N_{x+1} - N_{x+n+1)})$$

两边同除以 D_x，即

$$A^1_{x:\overline{n}|} = V \cdot \ddot{a}_{x:\overline{n}|} - a_{x:\overline{n}|}$$

进一步，$A^1_{x:\overline{n}|} = V \cdot \ddot{a}_{x:\overline{n}|} - a_{x:\overline{n}|}$

$$= V \cdot \ddot{a}_{x:\overline{n}|} - (\ddot{a}_{x:\overline{n}|} + {}_nE_x - 1)$$

$$= 1 - d \cdot \ddot{a}_{x:\overline{n}|} - {}_nE_x$$

结合关系 $A_{x:\overline{n}|} = A^1_{x:\overline{n}|} + {}_nE_x$，有

$$A_{x:\overline{n}|} = 1 - d \cdot \ddot{a}_{x:\overline{n}|} \tag{6.54}$$

或者将关系式 ${}_nE_x = a_{x:\overline{n}|} - a_{x:\overline{n-1}|}$ 代入关系式 $A^1_{x:\overline{n}|} = V \cdot \ddot{a}_{x:\overline{n}|} - a_{x:\overline{n}|}$ 中，还可得到：

$$A_{x:\overline{n}|} = V \cdot \ddot{a}_{x:\overline{n}|} - a_{x:\overline{n-1}|}$$

习　题

1. 判断下列式子的正误，并改正

(1) $A_{x:\overline{n}|} = V\ddot{a}_{x:\overline{n}|} - a_{x:\overline{n}|}$；

(2) $A_x = V + V(a_x - 1)$；

(3) $A^1_{x:\overline{n}|} = 1 - d \cdot \ddot{a}_x$。

2. 某人现年 50 岁，以 10 000 元购买了 51 岁开始给付的终身生存年金，试求其每年所得年金额。

3. 某人现年 23 岁，约定在 60 岁之前的 36 年当中每年年初缴付 2000 元给某人寿保险公司，如中途死亡，即行停止，所缴付款额也不退还。而当此人活到 60 岁时，人寿保险公司便开始给付第一年年金，直至死亡。试求此人每次所获得的年金额。

4. 某人 40 岁作为被保险人购买延期 20 年的年金保险、这一保险保证在他 60 岁退休时，每年得到两万元给付，直至他死为止。假定年金额：(1) 在每年年初给付；(2) 在每季之末给付。试计算这一年金保险在购买时的精算现值或趸缴纯保险费的替换函数表

达式。

*5. 已知如下条件的变动年金，x 是生存年金起始年龄，x 第一年末给付1000元，以后每年比上一年增加给付 500 元，当年金给付额增加到 5000 元，又以每年比上一年减少 1000 元递减，减少到年给付额为1000元时，保持这一给付水平直到被保险人死亡为止。试用以替换函数表达该年金的现值。

*6. 假设 $a_x = 15.5, A_x = 0.25$，求利率 i 的值。

*7. 50 岁的人投保保额 10 000 元的终身死亡保险，设年利息力为常数 0.06，死亡服从 $\mu_x = \frac{1}{\omega - x}(\omega = 100)$。求保额在保单生效时精算现值。

8. 某被保险人50岁时投保了终身人寿保险，保单规定：被保险人在第一年死亡，则第一年末给付10 000元，以后每多活一年后死亡，给付额增加30 000元，达到160 000元时，又以每多活一年给付额减少 40 000 元的方式递减，当给付额降为 40 000 元时保持不变。以替换函数写出这一保单的趸缴纯保险费。

9. 设年龄为 35 岁的人，购买 1 张保险金额为 1000 元的五年定期寿险保单，保险金于被保险人死亡的保单年度末给付，年利率 $i = 0.06$，试计算：

(1) 该保单的趸缴纯保费；

(2) 该保单自 35 岁至 39 岁各年龄的自然保费之总额；

(3)(1) 与(2) 的结果为何不同?为什么?

10. 现年30岁的人，付趸缴纯保费5000元，购买一张20年定期寿险保单，保险金于被保险人死亡时所处保单年度末支付，试求该保单的保险金额。

11. 现年 35 岁的人，购买了一张终身寿险保单，保单规定：被保险人在 10 年内死亡，给付金额为 15 000 元；10 年后死亡，给付金额为 20 000 元。试求趸缴纯保费。

12. 年龄为 40 岁的人，以现金 10 000 元购买一寿险保单。保单规定：被保险人在五年内死亡，则在其死亡的年末给付金额 30 000 元；如在五年后死亡，则在其死亡的年末给付金额 R 元。试求 R 值。

13. 设年龄为50岁的人购买一寿险保单，保单规定：被保险人在70岁以前死亡，给付数额为3000元；如至70岁时仍生存，给付金额为1500元。试求该寿险保单的趸缴纯保险费。

7 寿险年缴纯保险费及均衡纯保险费准备金

7.1 年缴纯保险费

本书第六章重点介绍了生存年金和死亡保险各基本险别的精算现值和趸缴纯保险费的计算原理和方法。然而,在实际中,要求投保人按趸缴纯保费方式购买人寿保险,往往会因保险费的数额较大,而使一般的投保人难以负担。鉴于这种情况,在缴费方式上保险人更多的要求投保人由趸缴纯保费改为分期缴费,并且使每期所缴的保险费相同。

研究这样的分期缴纳的保险费的计算,就是本节的主要内容。由于分期缴费的每期纯保险费形成了一种从保单签单之日的生存年金,所以分期缴纯保险费的计算,必须要联系到生存年金的精算现值和人寿保险(尤其是死亡保险)的趸缴纯保险费。

本节将要讨论的年缴纯保险费,如同对年金的讨论,并不局限于只按一年缴付一次的方式。它可以按季度一次,按月一次等方式缴付。年缴纯保险费也可以限定在保险期限内的若干年、若干季或若干月内缴清。特别地,对于缴费年限比保险期限短的保险,称作限期缴费保险。

7.1.1 年缴纯保险费计算的一般原理

在寿险中,当不考虑费用及其他因素时,保险人的损益可以表示为:

$$L = Z - X$$

其中:L 表示保险人在签单生效之日的损益;Z 表示保险人未来给付额的现值;X 表示投保人或被保险人缴纳的纯保险费的现值。

L 有三种可能情况:$L > 0$ 时,$Z > X$;$L < 0$ 时,$Z < X$;$L = 0$ 时,$Z = X$。相应地,$L > 0$ 表示保险人发生损失,保险费不足以抵补未来的给付额;$L < 0$ 表示保险人有结余,可能是以加重投保人和被保险人的负担为代价;$L = 0$ 表示保险人收取纯保险费恰好可以支付保险金给付。但是,在基本关系 $L = Z - X$ 中,Z 和 X 都是随机变量,从而 L 也是一个随机变量。$L = 0$ 时的情形,是偶然的或相对的。大多数情况下,L 究竟大于零还是小于零,保险人很难在签单之时确切地判定。因此在同时考虑到保险双方各自的利益之后,保险人只能使预期的损失为零。用数学关系式表达为:

$$E(L) = 0$$

代入关系式 $L = Z - X$,得:

$$E(Z) = E(X)$$

下面对 $E(Z)$ 和 $E(X)$ 作进一步的分析。

当保险人未来的给付额以死亡或生存为条件，一次性交付时，$E(Z)$ 表示死亡保险或纯生存保险的趸缴纯保险费；当这种给付额以生存为条件，每隔一定时期支付一次时，$E(Z)$ 表示年金保险的精算现值。另一方面，当投保人或被保险人一次缴清保险费时，$E(X)$ 为趸缴纯保险费；以分期方式缴费时，$E(X)$ 代表以缴纳的纯保险费为金额的生存年金的精算现值。此时，令 P 代表分期缴付的纯保险费，Y 代表投保人或被保险人缴付的单位纯保险费的现值，那么，

$$E(Z) = E(X) = E(P \cdot Y) = P \cdot E(Y)$$

$$P = \frac{E(Z)}{E(Y)} \tag{7.1}$$

通过这些分析，年缴纯保险费的计算，就转化为分别计算 $E(Z)$ 和 $E(Y)$ 的值，然后再求两者的比值。

7.1.2 年缴费一次的纯保险费的计算

7.1.2.1 年缴费一次的人寿保险的纯保险费

这里我们约定将讨论的寿险：签单年龄是 x 岁，保险金额为 1 元，年缴纯保险费为均衡纯保险费，并且预定利率已知。

7.1.2.1.1 每年年初缴费，于死亡年底提供保额的人寿保险

(1) 终身缴费的终身保险

终身缴费终身保险通常又称作普通保险，其年缴纯保险费记作 P_x。根据 $P = \dfrac{E(Z)}{E(Y)}$ 不难获得，

$$P_x = \frac{A_x}{\ddot{a}_x} = \frac{M_x}{N_x} \tag{7.2}$$

(2) n 年缴费的 n 年定期保险

像这种缴费期间与保险期间一致的保险费，可以用保险期间简称这种保险为 n 年定期保险。其年缴纯保险费记作 $P^1_{x:\overline{n|}}$。

$$P^1_{x:\overline{n|}} = \frac{E(Z)}{E(Y)} = \frac{A^1_{x:\overline{n|}}}{\ddot{a}_{x:\overline{n|}}} = \frac{M_x - M_{x+n}}{N_x - N_{x+n}} \tag{7.3}$$

(3) n 年缴费的 n 年两全保险

这种保险简称 n 年两全保险。其年缴纯保险费记作 $P_{x:\overline{n|}}$，且

$$P_{x:\overline{n|}} = \frac{E(Z)}{E(Y)} = \frac{A_{x:\overline{n|}}}{\ddot{a}_{x:\overline{n|}}} = \frac{M_x - M_{x+n} + D_{x+n}}{D_x} \tag{7.4}$$

(4) h 年限期缴费的终身保险

这种保险的年缴纯保险费记作 ${}_hP_x$。

$${}_hP_x = \frac{E(Z)}{E(Y)} = \frac{A_x}{\ddot{a}_{x:\overline{h|}}} = \frac{M_x}{N_x - N_{x+h}} \tag{7.5}$$

(5)h 年限期缴费的两全保险($h \leqslant n$)

这种保险的年缴纯保险费记作:${}_hP_{x:\overline{n}|}$

$$ {}_hP_{x:\overline{n}|} = \frac{E(Z)}{E(Y)} = \frac{A_{x:\overline{n}|}}{\ddot{a}_{x:\overline{h}|}} = \frac{M_x - M_{x+n} + D_{x+n}}{N_x - N_{x+h}} \tag{7.6} $$

7.1.2.1.2　每年年初缴费,于死亡后立即提供保额的人寿保险

(1) 终身缴费的终身保险。其年缴纯保险费记作 $P(\bar{A}_x)$,并且

$$ P(\bar{A}_x) = \frac{\bar{A}_x}{\ddot{a}_x} = \frac{\bar{M}_x}{N_x} \tag{7.7} $$

(2)n 年缴费的 n 年定期保险。其年缴纯保险费记作 $P(\bar{A}^1_{x:\overline{n}|})$。

$$ P(\bar{A}^1_{x:\overline{n}|}) = \frac{\bar{A}^1_{x:\overline{n}|}}{\ddot{a}_{x:\overline{n}|}} = \frac{\bar{M}_x - \bar{M}_{x+n}}{N_x - N_{x+n}} \tag{7.8} $$

(3)n 年缴费的 n 年两全保险。其年缴纯保险费记作 $P(\bar{A}_{x:\overline{n}|})$,且

$$ P(\bar{A}_{x:\overline{n}|}) = \frac{\bar{A}_{x:\overline{n}|}}{\ddot{a}_{x:\overline{n}|}} = \frac{\bar{M}_x - \bar{M}_{x+n} + D_{x+n}}{D_x} \tag{7.9} $$

(4)h 年限期缴费的终身保险。这种保险的年缴纯保险费记作${}_hP(\bar{A}_x)$。

$$ {}_hP(\bar{A}_x) = \frac{\bar{A}_x}{\ddot{a}_{x:\overline{h}|}} = \frac{\bar{M}_x}{N_x - N_{x+h}} \tag{7.10} $$

(5)h 年限期缴费的两全保险($h \leqslant n$)。这种保险的年缴纯保险费记作${}_hP(\bar{A}_{x:\overline{n}|})$。

$$ {}_hP(\bar{A}_{x:\overline{n}|}) = \frac{\bar{A}_{x:\overline{n}|}}{\ddot{a}_{x:\overline{h}|}} = \frac{\bar{M}_x - \bar{M}_{x+n} + D_{x+n}}{N_x - N_{x+h}} \tag{7.11} $$

例 7 - 1　已知 $P(\bar{A}_{40:\overline{20}|}) = 0.040$,${}_{20}P(\bar{A}_{40}) = 0.030$ 及 $\bar{A}_{60} = 0.600$,求 $P(\bar{A}^1_{40:\overline{20}|})$ 值。

解:建立下列关系式

$$ \begin{cases} \bar{A}_{40} = \bar{A}^1_{40:\overline{20}|} + {}_{20}E_{40} \cdot \bar{A}_{60} \\ \bar{A}_{40:\overline{20}|} = \bar{A}^1_{40:\overline{20}|} + {}_{20}E_{40} \end{cases} $$

由此得
$$ \bar{A}^1_{40:\overline{20}|} = \frac{\bar{A}_{40} - \bar{A}_{40:\overline{20}|} \cdot \bar{A}_{60}}{1 - \bar{A}_{60}} $$

从而
$$ \begin{aligned} P(\bar{A}^1_{40:\overline{20}|}) &= \bar{A}^1_{40:\overline{20}|} / \ddot{a}_{40:\overline{20}|} \\ &= \frac{{}_{20}P(\bar{A}_{40}) - P(\bar{A}_{40:\overline{20}|}) \cdot \bar{A}_{60}}{1 - \bar{A}_{60}} \\ &= \frac{0.030 - 0.040 \times 0.600}{1 - 0.600} = 0.015 \end{aligned} $$

例 7 - 2　年龄 30 岁的某人用 5 年限期缴费方式,购买 10 年延期保额为 50 000 元的 20 年定期死亡保险。问这个人的年缴一次均衡纯保险费是多少?假定保额于死亡年底支付。计算以 1958CSO3% 为基础。

解:设所求年缴纯保险费为 P,那么

$$ P = 50\,000 \cdot {}_5P({}_{10|20}A_{20}) = 50\,000 \cdot \frac{{}_{10|20}A_{20}}{\ddot{a}_{30:\overline{5}|}} $$

$$= \frac{50\ 000(M_{40} - M_{60})}{N_{30} - N_{35}}$$

$$= \frac{50\ 000 \times 326\ 008}{18\ 345\ 813} = 888.50\ (\text{元})$$

这个例题揭示了一般延期保险年缴纯保险费的计算原理。假设在x岁签发的r年延期n年定期保险，保险金额为1，保险费限期h年缴费，则年缴一次的均衡纯保险费记作${}_hP({}_{r|}A^1_{x:\overline{n}|})$。

类似地，h年限期缴费的r年延期n年两全保险的年缴纯保险费记作${}_hP({}_{r|n}A_x)$，且

$${}_hP({}_{r|n}A_x) = \frac{{}_{r|n}A_x}{\ddot{a}_{x:\overline{h}|}} = \frac{M_{x+r} - M_{x+r+n}}{N_x - N_{x+h}}$$

例7-3　在30岁签发的某种人寿保单。一方面要求投保人限期20年均衡缴纳纯保险费，另一方面，保单承诺：若被保险人在30～40岁之间发生死亡，则立即提供保额1000元；在40～50岁间发生死亡，立即提供保额2000元；在50岁以后发生死亡，死亡后立即提供保额3000元。试用替换函数表达年缴均衡纯保险费的计算式。

解：运用年缴均衡纯保险费计算的一般原理：$E(Z) = E(X)$。保险人提供保额的现值的期望值，等于被保险人缴纳纯保险费现值的期望值。

令所求年缴纯保险费为P，则

$$P \cdot \ddot{a}_{30:\overline{20}|} = 1000\bar{A}^1_{30:\overline{10}|} + 2000\,{}_{10|}\bar{A}^1_{30:\overline{10}|} + 3000\,{}_{20|}\bar{A}_{30}$$

$$P = \frac{1000(\bar{M}_{30} - \bar{M}_{40}) + 2000(\bar{M}_{40} - \bar{M}_{50}) + 3000 \cdot \bar{M}_{50}}{N_{30} - N_{50}}$$

7.1.2.2　年缴费一次的年金保险的纯保险费

假定本部分将要讨论的年金保险满足条件：在x岁签单，纯保险费采用均衡制，年金保险给付额为1，预定利率已知。每年年初缴费，于每年年初提供保额的年金保险：

(1) h年限期缴费的终身年金保险。其年缴纯保险费记作${}_hP(\ddot{a}_x)$。

$${}_hP(\ddot{a}_x) = \frac{\ddot{a}_x}{\ddot{a}_{x:\overline{h}|}} = \frac{N_x}{N_x - N_{x+h}} \tag{7.12}$$

(2) h年限期缴费的n年定期年金保险。其年缴纯保险费记作${}_hP(\ddot{a}_{x:\overline{n}|})(h < n)$。

$${}_hP(\ddot{a}_{x:\overline{n}|}) = \frac{\ddot{a}_{x:\overline{n}|}}{\ddot{a}_{x:\overline{h}|}} = \frac{N_x - N_{x+n}}{N_x - N_{x+h}} \tag{7.13}$$

(3) h年限期缴费的n年延期终身年金保险。其年缴纯保险费记作${}_hP({}_{n|}\ddot{a}_x)(h \leqslant n)$。

$${}_hP({}_{n|}\ddot{a}_x) = \frac{{}_{n|}\ddot{a}_x}{\ddot{a}_{x:\overline{h}|}} = \frac{N_{x+n}}{N_x - N_{x+h}} \tag{7.14}$$

例7-4　某人现年45岁，为自己投保每年2000元的期末付终身年金保险。保单约定在最初的20年内，不论他是生存还是死亡，都必须支取年金。问他应支付多少年缴纯保险费。假定年缴纯保险费采用均衡制，且限期10年内缴清。计算采用1958CSO3%生命表和预订利率。

解：设限期10年缴付的均衡纯保险费为P，那么

$$P \cdot \ddot{a}_{45:\overline{10}|} = 2000 \cdot (a_{\overline{20}|} + {}_{20|}a_{\overline{45}|})$$

$$P = \frac{2000 \cdot (a_{\overline{20}|} + {}_{20|}a_{\overline{45}|})}{\ddot{a}_{45:\overline{10}|}}$$

$$= \frac{2000(a_{\overline{20}|} \cdot D_{45} + N_{66})}{N_{45} - N_{55}}$$

$$= \frac{2000 \times 45\ 211\ 580}{20\ 422\ 987}$$

$$= 4427.52(\text{元})$$

例 7－5 现年 30 岁的人，采用限期 5 年缴费，于每年年初支付 500 元纯保险费，去购买 30 年延期 20 年定期期末年金保险，以维持退休以后的正常生活。问在这种安排之下这个人每年可获得多少年金给付额。以 1958 年 CSO3% 为计算基础。

解：设每年可获年金给付额为 R，依题意 R 取决于

$$R \cdot {}_{30|20}a_{30} = 500 \cdot \ddot{a}_{30:\overline{5}|}$$

$$R = \frac{500 \cdot \ddot{a}_{30:\overline{5}|}}{a_{30:\overline{50}|} - a_{30:\overline{30}|}} = \frac{50(N_{30} - N_{35})}{N_{61} - N_{81}}$$

$$= \frac{50 \times 18\ 345\ 813}{14\ 054\ 516} = 652.7(\text{元})$$

7.2 均衡纯保险费准备金

7.2.1 均衡纯保险费准备金及其性质

人寿保险费的计算原理中知道，自然保险费与死亡率成正比，随着被保险人的年龄增长，死亡率通常也增大，从而自然保险费也逐渐增大。对投保人或被保险人而言，当他们到达高龄时，保险费负担变的过于沉重，使缴费发生困难。鉴于这种情况，为克服自然保险费的这种不足，保险人将长期性人寿保险改用均衡保险费，即使得各年纯保险费相等。像这种经平衡化的保险费称为均衡保险费。平衡化的纯保险费就称为均衡纯保险费。

最先采用均衡保险费质的公司是英国的老公平。目前，几乎所有的人寿保险公司都采用均衡保险费制。均衡保险费可以缓解投保人保险费的负担。依据均衡保险费收入与保险金支出，还导致了均衡保险费制下的责任准备金。均衡纯保险费责任准备金，有时间称为均衡纯保险费准备金，再不引起混淆的情况下，甚至直接充作准备金。

在保单签发生效值，保险人未来提供保额的现值，等于未来期望收到的纯保险费的现值。但是，随着保险期限的流逝，在保单签发之日以后的保险年度内的某个时刻，保险人提供保额的现值，将发生一定的变化，表现在保额的现值并不完全等于未来纯保险费的现值。对于年金保单，其提供的给付额的现值逐渐减小；对于死亡保险保单，其提供的保额的现值逐渐递增。另一方面，在保险费缴付期限内，保险人未来仍将收取的纯保险费的现值，也将随之逐渐减小。据此，在保险费缴付期限的一定时期内，可能出现保险人的

保额支出小于投保人的纯保险费收入额;而在保险费缴费期限的另一定时期内,保险人的保额支出额大于投保人的纯保险费收入额。

对保险人而言,在假定投保人能够如期缴纳保险费的条件下,事先能够度量手中应当拥有的,以确保未来责任实现的数额,便是一项十分重要的工作。而这个数额就是均衡纯保险费下的责任准备金。因此,均衡纯保险费责任准备金,乃保险人对全体投保人的一种负债,而非自己的资产。

未特别声明,下文将讨论的准备金,均指均衡纯保险费责任准备金。整个计算所用利息率和死亡表与计算纯保险费所用的利息率和死亡表相同。

7.2.2 预期法准备金

预期法,又称将来法、前观法以及未缴保险费推算法。预期法是计算责任准备金的一种方法。其含义是:在某一时刻,从将来预期的支出的现值中减去将来预期的收入的现值所得的金额。进一步,将在预期的支出的现值,即为趸缴纯保险费,记作 A ;设年缴纯保险费为 P ,将来预期收入的现值,即为精算现值,记作 $P\cdot\ddot{a}$ 。其中,$\ddot{a}$ 为给付额1的生存年金现值。所以,预期法计算的时刻 t 的责任准备金,可表示为:

$$ {}_tV = A - P\ddot{a} \tag{7.15}$$

不同保险形式及不同缴费方式等均产生不同的责任准备金。以下讨论计算 ${}_tV$ 的不同表达式。

7.2.2.1 在死亡年度提供保额的保险

在假定保单均在x岁签单、保险金额为1,保险费采用年缴一次的方式下,考察不同保险在年末的准备金。

(1) 终身保险。其在 t 年末的准备金记作 ${}_tV_x$,且

$$ {}_tV_x = A_{x+t} - P_x\cdot\ddot{a}_{x+t} \tag{7.16}$$

当终身保险采用限期 h 年缴费时,其在 t 年末的准备金记作 ${}_t^hV_x$,且

$$ {}_t^hV_x = \begin{cases} A_{x+t} - {}_hP_x\cdot\ddot{a}_{x+t:\overline{h-t}|} & (t\leqslant h)\\ A_{x+t} & (t\geqslant h)\end{cases} \tag{7.17}$$

这里,当$t\geqslant h$时,因为不再有保险费的缴付,所以准备金可以简单地写作在到达年龄时购买的终身寿险的趸缴纯保险费。符号 V之前的左上标,表示保险费限期缴付的年数。

(2) n 年定期保险。其在 t 年末的准备金记作 ${}_tV^1_{x:\overline{n}|}$,且

$$ {}_tV^1_{x:\overline{n}|} = \begin{cases} A^1_{x+t:\overline{n-t}|} - P^1_{x:\overline{n}|}\cdot\ddot{a}_{x+t:\overline{n-t}|} & (t<n)\\ 0 & (t\geqslant n)\end{cases} \tag{7.18}$$

(3) n 年两全保险。其在 t 年末的准备金记作 ${}_tV_{x:\overline{n}|}$,且

$$ {}_tV_{x:\overline{n}|} = \begin{cases} A_{x+t:\overline{n-t}|} - P_{x:\overline{n}|}\cdot\ddot{a}_{x+t:\overline{n-t}|} & (t<n)\\ 1 & (t=n)\\ 0 & (t>n)\end{cases} \tag{7.19}$$

(4) 限期 h 年缴费的 n 年两全保险,在 t 年末的准备金记作 ${}_t^hV_{x:\overline{n}|}$,且

$$
{}_t^hV_{x:\overline{n}|} = \begin{cases} A_{x+t:\overline{n-t}|} - {}_hP_{x:\overline{n}|} \cdot \ddot{a}_{x+t:\overline{h-t}|} & (t < h) \\ A_{x+t:\overline{n-t}|} & (h \leqslant t < n) \\ 1 & (t \geqslant n) \end{cases} \tag{7.20}
$$

例 7－6 某人30岁购买如下“两全保险”，保险期限20年，被保险人在期限内死亡，在死亡年末给付10 000元；在期限届满时存活，给付5000元。投保人在15年内限期年缴保险费。求该保单在①10年末的责任准备金；②15年末的责任准备金；③20年末的责任准备金。(所有结果用替换函数表示的)。

解：依题意，假定保单的15年限期年缴纯保险费为 P，那么

$$P \cdot \ddot{a}_{30:\overline{15}|} = 10\,000A^{1}_{30:\overline{20}|} + 5000\,{}_{20}E_{30}$$

$$P = \frac{10\,000A^{1}_{30:\overline{20}|} + 5000\,{}_{20}E_{30}}{\ddot{a}_{30:\overline{15}|}} = \frac{10\,000(M_{30} - M_{50}) + 5000D_{50}}{N_{30} - N_{45}}$$

据此，保单的责任准备金分别为：

① $${}_{10}V = 10\,000A^{1}_{40:\overline{10}|} + 5000\,{}_{10}E_{40} - P \cdot \ddot{a}_{40:\overline{5}|}$$
$$= \frac{10\,000(M_{40} - M_{50}) + 5000D_{50}}{D_{40}} - \frac{10\,000(M_{30} - M_{50}) + 5000D_{50}}{N_{30} - N_{45}} \cdot \frac{N_{40} - N_{45}}{D_{40}}$$
$$= \frac{10\,000[M_{40}N_{30} - M_{30}(N_{40} + N_{45})]}{D_{40}(N_{30} - N_{45})} - \frac{M_{50}(2N_{30} - N_{40})}{D_{40}(N_{30} - N_{45})}$$
$$+ \frac{5000D_{50}(N_{30} + N_{40} - N_{45} - N_{50})}{D_{40}(N_{30} - N_{45})}$$

② $${}_{15}V = 10\,000A^{1}_{45:\overline{5}|} + 5000\,{}_{5}E_{45} = 10\,000\frac{M_{45} - M_{50}}{D_{45}} + 5000\frac{D_{50}}{D_{45}}$$

③ $${}_{20}V = 50\,000$$

7.2.2.2 在死亡后的立即提供保额的保险

以下将讨论的保险形式，完全平行于上述在死亡年末提供保险金额的保险。除保额于死亡后即提供外，其余假定完全相同。像这类保险人的责任准备金，通常用符号和趸缴纯保险费相结合来表示。

（1）终身保险

$$
{}_tV(\bar{A}_x) = \bar{A}_{x+t} - P(\bar{A}_x) \cdot \ddot{a}_{x+t} \tag{7.21}
$$

限期年缴费的终身保险。

$$
{}_t^hV(\bar{A}_x) = \begin{cases} \bar{A}_{x+t} - {}_hP(\bar{A}_x) \cdot \ddot{a}_{x+t:\overline{h-t}|} & (t \leqslant h) \\ \bar{A}_{x+t} & (t \geqslant h) \end{cases} \tag{7.22}
$$

（2）n 年定期保险

$$
{}_tV(\bar{A}^{1}_{x:\overline{n}|}) = \begin{cases} \bar{A}^{1}_{x+t:\overline{n-t}|} - P(\bar{A}^{1}_{x:\overline{n}|}) \cdot \ddot{a}_{x+t:\overline{n-t}|} & (t < n) \\ 0 & (t \geqslant n) \end{cases} \tag{7.23}
$$

(3) n 年两全保险

$$ {}_{t}V(\bar{A}_{x:\overline{n|}}) = \begin{cases} \bar{A}_{x+t:\overline{n-t|}} - P(\bar{A}_{x:\overline{n|}}) \cdot \ddot{a}_{x+t:\overline{n-t|}} & (t < n) \\ 1 & (t = n) \\ 0 & (t > n) \end{cases} \tag{7.24} $$

限期 h 年缴费的 n 年两全保险。

$$ {}_{t}^{h}V(\bar{A}_{x:\overline{n|}}) = \begin{cases} \bar{A}_{x+t:\overline{n-t|}} - {}_{h}P(\bar{A}_{x:\overline{n|}}) \cdot \ddot{a}_{x+t:\overline{h-t|}} & (t < h) \\ \bar{A}_{x+t:\overline{n-t|}} & (h \leqslant t < n) \\ 1 & (t \geqslant n) \end{cases} \tag{7.25} $$

7.2.3 年金保险

假定年金保险签单年龄为 x 岁,年给付额为1元,考虑在 t 年末的准备金。其准备金的记法用符号 V 与年金精算现值相结合来表示。

以 n 年延期期初终身生存年金为例,在 t 年末的准备金,记作 ${}_{t}V({}_{n|}\ddot{a}_{x})$,且

$$ {}_{t}V({}_{n|}\ddot{a}_{x}) = \begin{cases} {}_{n-t|}\ddot{a}_{x+t} - P({}_{n|}\ddot{a}_{x}) \cdot \ddot{a}_{x+t:\overline{n-t|}} & (t < n) \\ \ddot{a}_{x+t} & (t \geqslant n) \end{cases} \tag{7.26} $$

这里,年缴纯保险费限期延长期内缴付。

限期 h 年缴费的 n 年延付期初终身生存年金,在 t 年末的准备金,记作 ${}_{t}^{h}V({}_{n|}\ddot{a}_{x})$,且

$$ {}_{t}^{h}V({}_{n|}\ddot{a}_{x}) = \begin{cases} {}_{n-t|}\ddot{a}_{x+t} - {}_{h}P({}_{n|}\ddot{a}_{x}) \cdot \ddot{a}_{x+t:\overline{n-t|}} & (t < h) \\ {}_{n-t|}\ddot{a}_{x+t} & (h \leqslant t < n) \\ \ddot{a}_{x+t} & (t \geqslant n) \end{cases} \tag{7.27} $$

严格说来,在讨论预期法准备金公式时,t 并不只限于整数,但是为了与内容相连接,一般讨论 t 为正整数情况,签单后的第 t 个保单年末的准备金。

7.2.4 追溯法准备金

追溯法,又称着过去法,后观法或已缴保险费推算法。追溯法也是计算责任准备金的一种方法。追溯法准备金,就是将被保险人过去缴付的纯保险费收入的终值,减去过去给付各死亡被保险人的保险金的终值所得的金额。

令 A 表示保险人过去给付各死亡被保险人的保险金的现值或趸缴纯保险费,S 表示被保险人过去缴付的纯保险费的终值,P 代表均衡纯保险费,F 代表纯生存保险趸缴纯保险费,那么追溯法准备金的一般计算公式可以表示为:

$$ {}_{t}V = P \cdot S - \frac{A}{E} \text{ 或 } P \cdot S - k \tag{7.28} $$

其中:k 为趸缴纯保险费或精算现值的精算终值。

下面就主要保险形式的 ${}_{t}V$ 计算公式,作进一步的讨论。其中有关保险的约定与7.2.2相同。

7.2.4.1　在死亡年末提供保额的保险

(1) 终身保险

$$
\begin{aligned}
{}_tV_x &= P_x \cdot \ddot{S}_{x:\overline{t}|} - \frac{A^{1}_{x:\overline{t}|}}{{}_tE_x} \\
&= P_x \cdot \ddot{S}_{x:\overline{t}|} - {}_tk_x
\end{aligned}
\tag{7.29}
$$

其中：${}_tk_x = \dfrac{A^{1}_{x:\overline{t}|}}{{}_tE_x}$

表示在最初的t年内，保额为1元的趸缴纯保险费，累积到t年末的精算终值。${}_tk_x$有时又称作保险累积成本或死亡给付的积存值。

(2) 限期年缴费的终身保险。

$$
{}^{h}_{t}V_x = \begin{cases} {}_hP_x \cdot \ddot{S}_{x:\overline{t}|} - {}_tk_x & (t < h) \\ {}_hP_x \cdot \ddot{S}_{x:\overline{h}|} \cdot \dfrac{1}{{}_{t-h}E_{x+h}} - {}_tk_x & (t \geqslant h) \end{cases}
\tag{7.30}
$$

(3) n 年定期保险

$$
{}_tV^{1}_{x:\overline{n}|} = \begin{cases} P^{1}_{x:\overline{n}|} \cdot \ddot{S}_{x:\overline{t}|} - {}_tk_x & (t < n) \\ P^{1}_{x:\overline{n}|} \cdot \ddot{S}_{x:\overline{n}|} \cdot \dfrac{1}{{}_{t-n}E_{x+n}} - \dfrac{A^{1}_{x:\overline{n}|}}{{}_tE_x} = 0 & (t \geqslant n) \end{cases}
\tag{7.31}
$$

(4) n 年两全保险

$$
{}_tV_{x:\overline{n}|} = \begin{cases} P_{x:\overline{n}|} \cdot \ddot{S}_{x:\overline{t}|} - {}_tk_x & (t < n) \\ 1 & (t = n) \\ 0 & (t > n) \end{cases}
\tag{7.32}
$$

(5) 限期 h 年缴费的 n 年两全保险。

$$
{}^{h}_{t}V_{x:\overline{n}|} = \begin{cases} {}_hP_{x:\overline{n}|} \cdot \ddot{S}_{x:\overline{t}|} - \dfrac{A^{1}_{x:\overline{t}|}}{{}_tE_x} & (t < h) \\ {}_hP_{x:\overline{n}|} \cdot \ddot{S}_{x:\overline{h}|} \cdot \dfrac{1}{{}_{t-h}E_{x+h}} - \dfrac{A^{1}_{x:\overline{t}|}}{{}_tE_x} & (h \leqslant t < n) \\ 1 & (t = n) \\ 0 & (t > n) \end{cases}
\tag{7.33}
$$

7.2.4.2　在死亡后立即提供保额的保险

(1) 终身保险

$$
\begin{aligned}
{}_tV(\bar{A}_x) &= P(\bar{A}_x) \cdot \ddot{S}_{x:\overline{t}|} - \frac{\bar{A}^{1}_{x:\overline{t}|}}{{}_tE_x} \\
&= P(\bar{A}_x) \cdot \ddot{S}_{x:\overline{t}|} - {}_t\bar{k}_x
\end{aligned}
\tag{7.34}
$$

其中：${}_t\bar{k}_x = \dfrac{\bar{A}^{1}_{x:\overline{t}|}}{{}_tE_x}$

（2）限期 h 年缴费的终身保险

$$ {}_{t}^{h}V(\bar{A}_{x}) = \begin{cases} {}_{h}P(\bar{A}_{x}) \cdot \ddot{S}_{x:\overline{t|}} - {}_{t}\bar{k}_{x} & (t < h) \\ {}_{h}P(\bar{A}_{x}) \cdot \ddot{S}_{x:\overline{h|}} \cdot \dfrac{1}{{}_{t-h}E_{x+h}} - {}_{t}\bar{k}_{x} & (t \geqslant h) \end{cases} \tag{7.35} $$

（3）n 年定期保险

$$ {}_{t}V(\bar{A}^{1}_{x:\overline{n|}}) = \begin{cases} P(\bar{A}^{1}_{x:\overline{n|}}) \cdot \ddot{S}_{x:\overline{t|}} - {}_{t}\bar{k}_{x} & (t < n) \\ 0 & (t \geqslant n) \end{cases} \tag{7.36} $$

（4）n 年两全保险

$$ {}_{t}V(\bar{A}_{x:\overline{n|}}) = \begin{cases} P(\bar{A}_{x:\overline{n|}}) \cdot \ddot{S}_{x:\overline{t|}} - {}_{t}\bar{k}\quad x & (t < n) \\ 1 & (t = n) \\ 0 & (t > n) \end{cases} \tag{7.37} $$

（5）限期 h 年缴费的 n 年两全保险

$$ {}_{t}^{h}V(\bar{A}_{x:\overline{n|}}) = \begin{cases} {}_{h}P(\bar{A}_{x:\overline{n|}}) \cdot \ddot{S}_{x:\overline{t|}} - {}_{t}\bar{k}_{x} & (t < h) \\ {}_{h}P(\bar{A}_{x:\overline{n|}}) \cdot \ddot{S}_{x:\overline{h|}} \cdot \dfrac{1}{{}_{t-h}E_{x+h}} - {}_{t}\bar{k}_{x} & (h \leqslant t < n) \\ 1 & (t = n) \\ 0 & (t > n) \end{cases} \tag{7.38} $$

7.2.4.3　年金保险

（1）n 年延付期初终身生存年金

$$ {}_{t}V({}_{n|}\ddot{a}_{x}) = \begin{cases} P({}_{n|}\ddot{a}_{x}) \cdot \ddot{S}_{x:\overline{t|}} & (t < n) \\ P({}_{n|}\ddot{a}_{x}) \cdot \ddot{S}_{x:\overline{t|}} \cdot \dfrac{1}{{}_{t-n}E_{x+n}} - \dfrac{\ddot{a}_{x+n:\overline{t-n|}}}{{}_{t-n}E_{x+n}} & (t \geqslant n) \end{cases} \tag{7.39} $$

（2）限期 h 年缴费 n 年延付期初终身生存年金

$$ {}_{t}^{h}V({}_{n|}\ddot{a}_{x}) = \begin{cases} {}_{h}P({}_{n|}\ddot{a}_{x}) \cdot \ddot{S}_{x:\overline{t|}} & (t < h) \\ {}_{h}P({}_{n|}\ddot{a}_{x}) \cdot \ddot{S}_{x:\overline{t|}} \cdot \dfrac{1}{{}_{t-h}E_{x+h}} & (h \leqslant t < n) \\ {}_{h}P({}_{n|}\ddot{a}_{x}) \cdot \ddot{S}_{x:\overline{t|}} \cdot \dfrac{1}{{}_{t-h}E_{x+h}} - \dfrac{\ddot{a}_{x+n:\overline{t-n|}}}{{}_{t-n}E_{x+n}} & (t \geqslant n) \end{cases} \tag{7.40} $$

例7－7　在例7－6的条件下，用追溯法写出保单在10年末的责任准备金的替换函数表达式。

解：设所求时点责任准备金为 ${}_{10}V$，则

$$ \begin{aligned} {}_{10}V &= P \cdot \ddot{S}_{30:\overline{10|}} - 10\,000 \cdot \frac{A^{1}_{30:\overline{10|}}}{{}_{10}E_{30}} \\ &= \frac{10\,000(M_{30} - M_{50}) + 5000D_{50}}{N_{30} - N_{45}} \cdot \frac{N_{30} - N_{40}}{D_{40}} - 10\,000\frac{M_{30} - M_{40}}{D_{40}} \\ &= \frac{[10\,000(M_{30} - M_{50}) + 5000D_{50}](N_{30} - N_{40})}{D_{40}(N_{30} - N_{45})} \end{aligned} $$

$$-\frac{[10\,000(M_{30}-M_{40})(N_{30}-N_{45})]}{D_{40}(N_{30}-N_{45})}$$

7.2.5 预期法与追溯法准备金的等价性

可以证明:当选用相同的生命表和预定利率,以均衡纯保险费作为评估准备金的基础,在相同时刻的准备金,用预期法计算所得的值,总是等于用追溯法计算所得的值。

事实上,在保单规定的缴费期间内的任一时刻,过去已缴纳的和未来将缴纳的所有保险费的值,必须等于该保单已提供的和承诺将在未来保险期限内提供的保险金额的值。当然,这种等式的成立,是基于所在时刻的现值或终值而言的。

约定:$P\cdot\ddot{S}_t+P\cdot\ddot{a}_x$ 表示过去和未来保险费在时刻 t 的值。${}_tk+A_t$ 表示过去和未来给付额在时刻 t 的值。因此,

$$P\cdot\ddot{S}_t+P\cdot\ddot{a}_x={}_tk+A_t$$

移项得:$P\cdot\ddot{S}_t-{}_tk=A_t-P\cdot\ddot{a}_x$

可见,等式左边正是追溯法准备金公式,等式右边正是预期法准备金公式。

同理,在保单规定的缴费期限以外的任一时刻,追溯法也等价于预期法。

预期法和追溯法的等价性揭示:在相同时刻的准备金,无论用预期法计算,还是用追溯法计算,均可以得到相同的值。恰当地选择预期法或者追溯法,可使计算得到极大地简化。以下是选用追溯法或者预期法的两个基本规则:

① 在保险费缴付期限以外的时刻 t 计算准备金,选择预期法,此时刻的准备金简单地等于在 t 时刻的未来给付额的趸缴纯保险费或精算现值。例如,当 $t\geqslant n$ 时,${}_t^nV_x=A_{x+t}$ ·${}_t^nV({}_{n|}\ddot{a}_n)=\ddot{a}_{x+t}$。

② 在无需提供保险金额的期间内的时刻 t 计算准备金,选择追溯法。此时刻的准备金简单地等于过去已缴纯保险费的精算终值。例如,当 $t<n$ 时,${}_t^nV({}_{n|}\ddot{a}_x)={}_nP({}_{n|}\ddot{a}_x)\cdot\ddot{S}_{x:\overline{t}|}$。

例 7-8 现有两种保单,均在 x 岁签单,保额均为1,试求两种保单在签单后的 h 年末准备金的差额。其中,两保单按年均衡制缴保费,h 小于或等于两种保单规定的缴费期限的较短者。在此基础上,证明关系式:$P_{x:\overline{n}|}={}_hP_x+P^1_{x:\overline{n}|}(1-A_{x+n})$ 成立。

解:假设两种保单的均衡纯保险费和 h 年末准备金分别为 P_1 和 P_2,以及 ${}_1V$ 和 ${}_2V$,那么根据追溯法有:

$${}_1V=P_1\cdot\ddot{S}_{x:\overline{h}|}-{}_hk_x$$

$${}_2V=P_2\cdot\ddot{S}_{x:\overline{h}|}-{}_hk_x$$

两式相减得:

$${}_1V-{}_2V=(P_1-P_2)\ddot{S}_{x:\overline{h}|}$$

这表明:准备金之差等于纯保险费之差的精算终值和纯保险费之差在利息和利率下的累积值。

进一步,对上式变形整理,

$$P_1-P_2=\frac{1}{\ddot{S}_{x:\overline{h}|}}({}_1V-{}_2V)=\frac{{}_hE_x}{\ddot{a}_{x:\overline{h}|}}({}_1V-{}_2V)=P^1_{x:\overline{h}|}({}_1V-{}_2V)$$

因为 ${}_{n}V_{x:\overline{n}|} = 1$ ，${}_{n}^{h}V_{x} = A_{x+n}$

所以 $P_{x:\overline{n}|} = {}_{h}P_{x} + P_{x:\overline{n}|}^{1}(1 - A_{x+n})$

习　题

1. 某人30岁投保了20年两全保险,保险金为50 000元,$i = 6\%$,假设保险费按月均衡缴付,试计算:每月纯保险费。

2. 某人30岁投保了30年定期寿险,若投保前10年死亡给付20 000元,从40岁起死亡给付逐年增加5000元,假设$i = 6\%$,死亡年末给付保险金,试求限期20年缴费的年均衡纯保险费。

3. 某人30岁投保了终身寿险,保险金额为20 000元,试求:

(1) 普通终身寿险的年缴均衡纯保险费;

(2) 限期20年缴费的终身寿险的年均衡纯保险费;

(3)65岁缴清终身寿险的年均衡纯保险费。

4. 某人25岁投保了限期10年缴费的终身生存年金,年金为3600元,于65岁时开始给付。试求其年均衡纯保险费。

5. 某40岁的被保险人投保了20年两全保险,保险金额200 000元,要求按年缴一次均衡方式,在10年内限期交清。试用替换函数分别表示:

(1) 投保第5年末的责任准备金;

(2) 投保第15年末的责任准备金;

(3) 投保第20年末的责任准备金。

*6. 被保险人李某在25岁投保保险金额15 000元的终身死亡保险。选用一定生命表,计算下列不同缴费方式下的第15年末的责任准备金,并比较它们的大小。

(1) 保险费按每年缴付一次均衡保险费;

(2) 保险费每年均衡缴付一次,20年内缴清;

(3) 保险费每月均衡缴付一次,20年内缴清。

*7. 假设保险金额为1000元,对30岁男性签发保单。在年利率$i = 2.5\%$的情况下,试计算下列各种保单第15个保单年度末的期末准备金:

(1) 普通终身寿险;

(2)20年限期缴费的终身寿险;

(3)65岁满期的两全保险;

(4)20年限期缴费65岁满期的两全保险;

(5)65岁满期的定期寿险。

参考文献

1. N. L. 鲍尔斯．精算数学[M]．余跃年,译．上海:上海科学技术出版社,1996.
2. [日]二见隆. 生命保险数学[M]．日本生命文化研究所,1992.
3. 王晓军,等．保险精算学[M]．北京:中国人民大学出版社,1995.
4. 李秀芳,曾庆五．保险精算学[M]．北京:中国金融出版社,1999.
5. 卓志．寿险精算[M]．成都:西南财经大学出版社,2008.
6. 李恒琦,张运刚．社会保险精算教程[M]．成都:西南财经大学出版社,2009.
7. 孟生旺,袁卫．利息理论及其应用[M]．北京:中国人民大学出版社,2001.
8. 卓志,李恒琦,陈滔,等．保险精算通论[M]. 成都:西南财经大学出版社,2006.
9. 栗芳．非寿险精算[M]．北京:清华大学出版社,2006.

附录 1　中国人寿保险业经验生命表(2000—2003)

养老金业务(男表)(CL3)

x	q_x	p_x	l_x	d_x	L_x	T_x	$\mathring{e}_x$	e_x
0	0.000 627	0.999 373	1 000 000	627	999 687	79 741 450	79.74	79.24
1	0.000 525	0.999 475	999 373	525	999 111	78 741 763	78.79	78.29
2	0.000 434	0.999 566	998 848	434	998 632	77 742 653	77.83	77.33
3	0.000 362	0.999 638	998 415	361	998 234	76 744 021	76.87	76.37
4	0.000 311	0.999 689	998 053	310	997 898	75 745 787	75.89	75.39
5	0.000 281	0.999 719	997 743	280	997 603	74 747 889	74.92	74.42
6	0.000 269	0.999 731	997 463	268	997 328	73 750 286	73.94	73.44
7	0.000 268	0.999 732	997 194	267	997 061	72 752 957	72.96	72.46
8	0.000 270	0.999 730	996 927	269	996 792	71 755 897	71.98	71.48
9	0.000 271	0.999 729	996 658	270	996 523	70 759 104	71.00	70.50
10	0.000 272	0.999 728	996 388	271	996 252	69 762 581	70.02	69.52
11	0.000 271	0.999 729	996 117	270	995 982	68 766 329	69.03	68.53
12	0.000 272	0.999 728	995 847	271	995 711	67 770 347	68.05	67.55
13	0.000 278	0.999 722	995 576	277	995 438	66 774 636	67.07	66.57
14	0.000 292	0.999 708	995 299	291	995 154	65 779 198	66.09	65.59
15	0.000 316	0.999 684	995 009	314	994 851	64 784 044	65.11	64.61
16	0.000 351	0.999 649	994 694	349	994 520	63 789 193	64.13	63.63
17	0.000 396	0.999 604	994 345	394	994 148	62 794 673	63.15	62.65
18	0.000 446	0.999 554	993 951	443	993 730	61 800 525	62.18	61.68
19	0.000 497	0.999 503	993 508	494	993 261	60 806 796	61.20	60.70
20	0.000 540	0.999 460	993 014	536	992 746	59 813 535	60.23	59.73
21	0.000 575	0.999 425	992 478	571	992 193	58 820 789	59.27	58.77
22	0.000 601	0.999 399	991 907	596	991 609	57 828 596	58.30	57.80
23	0.000 623	0.999 377	991 311	618	991 002	56 836 987	57.34	56.84
24	0.000 643	0.999 357	990 694	637	990 375	55 845 984	56.37	55.87
25	0.000 660	0.999 340	990 057	653	989 730	54 855 609	55.41	54.91
26	0.000 676	0.999 324	989 403	669	989 069	53 865 879	54.44	53.94
27	0.000 693	0.999 307	988 734	685	988 392	52 876 811	53.48	52.98
28	0.000 712	0.999 288	988 049	703	987 697	51 888 419	52.52	52.02
29	0.000 734	0.999 266	987 346	725	986 983	50 900 722	51.55	51.05
30	0.000 759	0.999 241	986 621	749	986 246	49 913 739	50.59	50.09
31	0.000 788	0.999 212	985 872	777	985 484	48 927 492	49.63	49.13

续表1

x	q_x	p_x	l_x	d_x	L_x	T_x	$\mathring{e}_x$	e_x
32	0. 000 820	0. 999 180	985 095	808	984 691	47 942 009	48. 67	48. 17
33	0. 000 855	0. 999 145	984 287	842	983 867	46 957 317	47. 71	47. 21
34	0. 000 893	0. 999 107	983 446	878	983 007	45 973 451	46. 75	46. 25
35	0. 000 936	0. 999 064	982 568	920	982 108	44 990 444	45. 79	45. 29
36	0. 000 985	0. 999 015	981 648	967	981 164	44 008 336	44. 83	44. 33
37	0. 001 043	0. 998 957	980 681	1 023	980 170	43 027 172	43. 87	43. 37
38	0. 001 111	0. 998 889	979 658	1 088	979 114	42 047 002	42. 92	42. 42
39	0. 001 189	0. 998 811	978 570	1 164	977 988	41 067 888	41. 97	41. 47
40	0. 001 275	0. 998 725	977 406	1 246	976 783	40 089 900	41. 02	40. 52
41	0. 001 366	0. 998 634	976 160	1 333	975 493	39 113 117	40. 07	39. 57
42	0. 001 461	0. 998 539	974 827	1 424	974 114	38 137 624	39. 12	38. 62
43	0. 001 560	0. 998 440	973 402	1 519	972 643	37 163 509	38. 18	37. 68
44	0. 001 665	0. 998 335	971 884	1 618	971 075	36 190 866	37. 24	36. 74
45	0. 001 783	0. 998 217	970 266	1 730	969 401	35 219 791	36. 30	35. 80
46	0. 001 918	0. 998 082	968 536	1 858	967 607	34 250 391	35. 36	34. 86
47	0. 002 055	0. 997 945	966 678	1 987	965 685	33 282 784	34. 43	33. 93
48	0. 002 238	0. 997 762	964 692	2 159	963 612	32 317 099	33. 50	33. 00
49	0. 002 446	0. 997 554	962 533	2 354	961 355	31 353 487	32. 57	32. 07
50	0. 002 666	0. 997 334	960 178	2 560	958 898	30 392 132	31. 65	31. 15
51	0. 002 880	0. 997 120	957 618	2 758	956 239	29 433 233	30. 74	30. 24
52	0. 003 085	0. 996 915	954 860	2 946	953 388	28 476 994	29. 82	29. 32
53	0. 003 300	0. 996 700	951 915	3 141	950 344	27 523 607	28. 91	28. 41
54	0. 003 545	0. 996 455	948 773	3 363	947 092	26 573 263	28. 01	27. 51
55	0. 003 838	0. 996 162	945 410	3 628	943 596	25 626 171	27. 11	26. 61
56	0. 004 207	0. 995 793	941 781	3 962	939 800	24 682 575	26. 21	25. 71
57	0. 004 676	0. 995 324	937 819	4 385	935 627	23 742 775	25. 32	24. 82
58	0. 005 275	0. 994 725	933 434	4 924	930 972	22 807 148	24. 43	23. 93
59	0. 006 039	0. 993 961	928 510	5 607	925 707	21 876 176	23. 56	23. 06
60	0. 006 989	0. 993 011	922 903	6 450	919 678	20 950 469	22. 70	22. 20
61	0. 007 867	0. 992 133	916 453	7 210	912 848	20 030 791	21. 86	21. 36
62	0. 008 725	0. 991 275	909 243	7 933	905 277	19 117 943	21. 03	20. 53
63	0. 009 677	0. 990 323	901 310	8 722	896 949	18 212 667	20. 21	19. 71
64	0. 010 731	0. 989 269	892 588	9 578	887 799	17 315 718	19. 40	18. 90
65	0. 011 900	0. 988 100	883 010	10 508	877 756	16 427 919	18. 60	18. 10
66	0. 013 229	0. 986 771	872 502	11 542	866 731	15 550 163	17. 82	17. 32
67	0. 014 705	0. 985 295	860 959	12 660	854 629	14 683 433	17. 05	16. 55
68	0. 016 344	0. 983 656	848 299	13 865	841 367	13 828 803	16. 30	15. 80

续表2

x	q_x	p_x	l_x	d_x	L_x	T_x	$\mathring{e}_x$	e_x
69	0. 018 164	0. 981 836	834 434	15 157	826 856	12 987 437	15. 56	15. 06
70	0. 020 184	0. 979 816	819 278	16 536	811 010	12 160 580	14. 84	14. 34
71	0. 022 425	0. 977 575	802 741	18 001	793 741	11 349 571	14. 14	13. 64
72	0. 024 911	0. 975 089	784 740	19 549	774 966	10 555 830	13. 45	12. 95
73	0. 027 668	0. 972 332	765 191	21 171	754 606	9 780 864	12. 78	12. 28
74	0. 030 647	0. 969 353	744 020	22 802	732 619	9 026 259	12. 13	11. 63
75	0. 033 939	0. 966 061	721 218	24 477	708 979	8 293 640	11. 50	11. 00
76	0. 037 577	0. 962 423	696 741	26 181	683 650	7 584 660	10. 89	10. 39
77	0. 041 594	0. 958 406	670 559	27 891	656 614	6 901 010	10. 29	9. 79
78	0. 046 028	0. 953 972	642 668	29 581	627 878	6 244 397	9. 72	9. 22
79	0. 050 920	0. 949 080	613 087	31 218	597 478	5 616 519	9. 16	8. 66
80	0. 056 312	0. 943 688	581 869	32 766	565 486	5 019 041	8. 63	8. 13
81	0. 062 253	0. 937 747	549 103	34 183	532 011	4 453 555	8. 11	7. 61
82	0. 068 791	0. 931 209	514 919	35 422	497 208	3 921 544	7. 62	7. 12
83	0. 075 983	0. 924 017	479 498	36 434	461 281	3 424 336	7. 14	6. 64
84	0. 083 883	0. 916 117	443 064	37 166	424 481	2 963 055	6. 69	6. 19
85	0. 092 554	0. 907 446	405 898	37 568	387 115	2 538 574	6. 25	5. 75
86	0. 102 059	0. 897 941	368 331	37 591	349 535	2 151 459	5. 84	5. 34
87	0. 112 464	0. 887 536	330 739	37 196	312 141	1 801 924	5. 45	4. 95
88	0. 123 836	0. 876 164	293 543	36 351	275 367	1 489 783	5. 08	4. 58
89	0. 136 246	0. 863 754	257 192	35 041	239 671	1 214 415	4. 72	4. 22
90	0. 149 763	0. 850 237	222 151	33 270	205 516	974 744	4. 39	3. 89
91	0. 164 456	0. 835 544	188 881	31 063	173 349	769 229	4. 07	3. 57
92	0. 180 392	0. 819 608	157 818	28 469	143 583	595 879	3. 78	3. 28
93	0. 197 631	0. 802 369	129 349	25 563	116 567	452 296	3. 50	3. 00
94	0. 216 228	0. 783 772	103 786	22 441	92 565	335 729	3. 23	2. 73
95	0. 236 229	0. 763 771	81 344	19 216	71 736	243 164	2. 99	2. 49
96	0. 257 666	0. 742 334	62 128	16 008	54 124	171 427	2. 76	2. 26
97	0. 280 553	0. 719 447	46 120	12 939	39 650	117 303	2. 54	2. 04
98	0. 304 887	0. 695 113	33 181	10 116	28 123	77 653	2. 34	1. 84
99	0. 330 638	0. 669 362	23 064	7626	19 251	49 530	2. 15	1. 65
100	0. 357 746	0. 642 254	15 438	5523	12 677	30 279	1. 96	1. 46
101	0. 386 119	0. 613 881	9915	3829	8001	17 602	1. 78	1. 28
102	0. 415 626	0. 584 374	6087	2530	4822	9601	1. 58	1. 08
103	0. 446 094	0. 553 906	3557	1587	2764	4779	1. 34	0. 84
104	0. 477 308	0. 522 692	1970	940	1500	2015	1. 02	0. 52
105	1	0	1030	1030	515	515	0. 50	0. 00

附录2 中国人寿保险业经验生命表（2000—2003）

养老金业务(女表)(CL4)

x	q_x	p_x	l_x	d_x	L_x	T_x	e_x°	e_x
0	0.000 575	0.999 425	1 000 000	575	999 713	83 672 159	83.67	83.17
1	0.000 466	0.999 534	999 425	466	999 192	82 672 446	82.72	82.22
2	0.000 369	0.999 631	998 959	369	998 775	81 673 254	81.76	81.26
3	0.000 290	0.999 710	998 591	290	998 446	80 674 479	80.79	80.29
4	0.000 232	0.999 768	998 301	232	998 185	79 676 033	79.81	79.31
5	0.000 195	0.999 805	998 069	195	997 972	78 677 848	78.83	78.33
6	0.000 175	0.999 825	997 875	175	997 788	77 679 876	77.85	77.35
7	0.000 164	0.999 836	997 700	164	997 618	76 682 088	76.86	76.36
8	0.000 158	0.999 842	997 537	158	997 458	75 684 470	75.87	75.37
9	0.000 152	0.999 848	997 379	152	997 303	74 687 012	74.88	74.38
10	0.000 147	0.999 853	997 227	147	997 154	73 689 709	73.89	73.39
11	0.000 143	0.999 857	997 081	143	997 009	72 692 555	72.91	72.41
12	0.000 143	0.999 857	996 938	143	996 867	71 695 546	71.92	71.42
13	0.000 147	0.999 853	996 796	147	996 722	70 698 679	70.93	70.43
14	0.000 156	0.999 844	996 649	155	996 571	69 701 956	69.94	69.44
15	0.000 167	0.999 833	996 494	166	996 410	68 705 385	68.95	68.45
16	0.000 181	0.999 819	996 327	180	996 237	67 708 974	67.96	67.46
17	0.000 196	0.999 804	996 147	195	996 049	66 712 737	66.97	66.47
18	0.000 213	0.999 787	995 952	212	995 846	65 716 688	65.98	65.48
19	0.000 230	0.999 770	995 739	229	995 625	64 720 843	65.00	64.50
20	0.000 246	0.999 754	995 510	245	995 388	63 725 218	64.01	63.51
21	0.000 261	0.999 739	995 266	260	995 136	62 729 830	63.03	62.53
22	0.000 274	0.999 726	995 006	273	994 869	61 734 694	62.04	61.54
23	0.000 285	0.999 715	994 733	283	994 591	60 739 824	61.06	60.56
24	0.000 293	0.999 707	994 450	291	994 304	59 745 233	60.08	59.58
25	0.000 301	0.999 699	994 158	299	994 009	58 750 929	59.10	58.60
26	0.000 308	0.999 692	993 859	306	993 706	57 756 920	58.11	57.61
27	0.000 316	0.999 684	993 553	314	993 396	56 763 214	57.13	56.63
28	0.000 325	0.999 675	993 239	323	993 078	55 769 818	56.15	55.65
29	0.000 337	0.999 663	992 916	335	992 749	54 776 741	55.17	54.67
30	0.000 351	0.999 649	992 582	348	992 407	53 783 992	54.19	53.69
31	0.000 366	0.999 634	992 233	363	992 052	52 791 584	53.20	52.70

续表1

x	q_x	p_x	l_x	d_x	L_x	T_x	$\mathring{e}_x$	e_x
32	0. 000 384	0. 999 616	991 870	381	991 680	51 799 533	52. 22	51. 72
33	0. 000 402	0. 999 598	991 489	399	991 290	50 807 853	51. 24	50. 74
34	0. 000 421	0. 999 579	991 091	417	990 882	49 816 563	50. 26	49. 76
35	0. 000 441	0. 999 559	990 673	437	990 455	48 825 681	49. 29	48. 79
36	0. 000 464	0. 999 536	990 236	459	990 007	47 835 227	48. 31	47. 81
37	0. 000 493	0. 999 507	989 777	488	989 533	46 845 220	47. 33	46. 83
38	0. 000 528	0. 999 472	989 289	522	989 028	45 855 687	46. 35	45. 85
39	0. 000 569	0. 999 431	988 767	563	988 485	44 866 659	45. 38	44. 88
40	0. 000 615	0. 999 385	988 204	608	987 900	43 878 174	44. 40	43. 90
41	0. 000 664	0. 999 336	987 596	656	987 268	42 890 274	43. 43	42. 93
42	0. 000 714	0. 999 286	986 941	705	986 588	41 903 005	42. 46	41. 96
43	0. 000 763	0. 999 237	986 236	752	985 860	40 916 417	41. 49	40. 99
44	0. 000 815	0. 999 185	985 483	803	985 082	39 930 557	40. 52	40. 02
45	0. 000 873	0. 999 127	984 680	860	984 250	38 945 476	39. 55	39. 05
46	0. 000 942	0. 999 058	983 821	927	983 357	37 961 225	38. 59	38. 09
47	0. 001 014	0. 998 986	982 894	997	982 395	36 977 868	37. 62	37. 12
48	0. 001 123	0. 998 877	981 897	1 103	981 346	35 995 472	36. 66	36. 16
49	0. 001 251	0. 998 749	980 794	1 227	980 181	35 014 127	35. 70	35. 20
50	0. 001 393	0. 998 607	979 568	1 365	978 885	34 033 946	34. 74	34. 24
51	0. 001 548	0. 998 452	978 203	1 514	977 446	33 055 060	33. 79	33. 29
52	0. 001 714	0. 998 286	976 689	1 674	975 852	32 077 615	32. 84	32. 34
53	0. 001 893	0. 998 107	975 015	1 846	974 092	31 101 763	31. 90	31. 40
54	0. 002 093	0. 997 907	973 169	2 037	972 151	30 127 671	30. 96	30. 46
55	0. 002 318	0. 997 682	971 132	2 251	970 007	29 155 520	30. 02	29. 52
56	0. 002 607	0. 997 393	968 881	2 526	967 618	28 185 514	29. 09	28. 59
57	0. 002 979	0. 997 021	966 355	2 879	964 916	27 217 896	28. 17	27. 67
58	0. 003 410	0. 996 590	963 476	3 285	961 834	26 252 980	27. 25	26. 75
59	0. 003 816	0. 996 184	960 191	3 664	958 359	25 291 146	26. 34	25. 84
60	0. 004 272	0. 995 728	956 527	4 086	954 484	24 332 787	25. 44	24. 94
61	0. 004 781	0. 995 219	952 441	4 554	950 164	23 378 304	24. 55	24. 05
62	0. 005 351	0. 994 649	947 887	5 072	945 351	22 428 140	23. 66	23. 16
63	0. 005 988	0. 994 012	942 815	5 646	939 992	21 482 789	22. 79	22. 29
64	0. 006 701	0. 993 299	937 169	6 280	934 029	20 542 797	21. 92	21. 42
65	0. 007 499	0. 992 501	930 889	6 981	927 399	19 608 768	21. 06	20. 56
66	0. 008 408	0. 991 592	923 909	7 768	920 024	18 681 369	20. 22	19. 72
67	0. 009 438	0. 990 562	916 140	8 647	911 817	17 761 344	19. 39	18. 89
68	0. 010 592	0. 989 408	907 494	9 612	902 688	16 849 527	18. 57	18. 07

续表2

x	q_x	p_x	l_x	d_x	L_x	T_x	$\mathring{e}_x$	e_x
69	0.011 886	0.988 114	897 882	10 672	892 545	15 946 840	17.76	17.26
70	0.013 337	0.986 663	887 209	11 833	881 293	15 054 294	16.97	16.47
71	0.014 964	0.985 036	875 377	13 099	868 827	14 173 001	16.19	15.69
72	0.016 787	0.983 213	862 278	14 475	855 040	13 304 174	15.43	14.93
73	0.018 829	0.981 171	847 802	15 963	839 821	12 449 134	14.68	14.18
74	0.021 117	0.978 883	831 839	17 566	823 056	11 609 313	13.96	13.46
75	0.023 702	0.976 298	814 273	19 300	804 623	10 786 257	13.25	12.75
76	0.026 491	0.973 509	794 973	21 060	784 444	9 981 634	12.56	12.06
77	0.029 602	0.970 398	773 914	22 909	762 459	9 197 190	11.88	11.38
78	0.033 070	0.966 930	751 004	24 836	738 586	8 434 731	11.23	10.73
79	0.036 935	0.963 065	726 169	26 821	712 758	7 696 145	10.60	10.10
80	0.041 241	0.958 759	699 348	28 842	684 927	6 983 387	9.99	9.49
81	0.046 033	0.953 967	670 506	30 865	655 073	6 298 460	9.39	8.89
82	0.051 365	0.948 635	639 640	32 855	623 213	5 643 387	8.82	8.32
83	0.057 291	0.942 709	606 785	34 763	589 404	5 020 174	8.27	7.77
84	0.063 872	0.936 128	572 022	36 536	553 754	4 430 770	7.75	7.25
85	0.071 174	0.928 826	535 486	38 113	516 429	3 877 017	7.24	6.74
86	0.079 267	0.920 733	497 373	39 425	477 660	3 360 587	6.76	6.26
87	0.088 225	0.911 775	457 948	40 402	437 747	2 882 927	6.30	5.80
88	0.098 129	0.901 871	417 545	40 973	397 059	2 445 180	5.86	5.36
89	0.109 061	0.890 939	376 572	41 069	356 037	2 048 121	5.44	4.94
90	0.121 107	0.878 893	335 503	40 632	315 187	1 692 084	5.04	4.54
91	0.134 355	0.865 645	294 871	39 617	275 062	1 376 897	4.67	4.17
92	0.148 896	0.851 104	255 254	38 006	236 250	1 101 835	4.32	3.82
93	0.164 816	0.835 184	217 247	35 806	199 344	865 584	3.98	3.48
94	0.182 201	0.817 799	181 442	33 059	164 912	666 240	3.67	3.17
95	0.201 129	0.798 871	148 383	29 844	133 461	501 328	3.38	2.88
96	0.221 667	0.778 333	118 539	26 276	105 401	367 867	3.10	2.60
97	0.243 870	0.756 130	92 263	22 500	81 012	262 467	2.84	2.34
98	0.267 773	0.732 227	69 762	18 681	60 422	181 454	2.60	2.10
99	0.293 385	0.706 615	51 082	14 987	43 589	121 032	2.37	1.87
100	0.320 685	0.679 315	36 095	11 575	30 308	77 443	2.15	1.65
101	0.349 615	0.650 385	24 520	8573	20 234	47 136	1.92	1.42
102	0.380 069	0.619 931	15 947	6061	12 917	26 902	1.69	1.19
103	0.411 894	0.588 106	9886	4072	7850	13 985	1.41	0.91
104	0.444 879	0.555 121	5814	2587	4521	6135	1.06	0.56
105	1	0	3228	3228	1614	1614	0.50	0.00

附录3　中国人寿保险业经验生命表（2000—2003）替换函数表

养老金业务表(男表 CL3)2.5%

x	D_x	N_x	S_x	C_x	M_x	R_x
0	1 000 000	34 884 420.69	983 678 571.47	611.71	149 160.47	10 892 260.41
1	974 998.05	33 884 420.69	948 794 150.78	499.39	148 548.76	10 743 099.94
2	950 718.22	32 909 422.64	914 909 730.09	402.55	148 049.37	10 594 551.18
3	927 127.42	31 958 704.42	882 000 307.45	327.43	147 646.83	10 446 501.80
4	904 187.12	31 031 577.00	850 041 603.02	274.34	147 319.39	10 298 854.97
5	881 859.44	30 127 389.88	819 010 026.02	241.76	147 045.05	10 151 535.58
6	860 108.91	29 245 530.44	788 882 636.15	225.73	146 803.29	10 004 490.53
7	838 904.92	28 385 421.53	759 637 105.71	219.34	146 577.56	9 857 687.24
8	818 224.48	27 546 516.61	731 251 684.18	215.53	146 358.22	9 711 109.68
9	798 052.25	26 728 292.13	703 705 167.57	211.00	146 142.69	9 564 751.46
10	778 376.57	25 930 239.88	676 976 875.44	206.55	145 931.69	9 418 608.77
11	759 185.22	25 151 863.31	651 046 635.56	200.72	145 725.14	9 272 677.08
12	740 467.78	24 392 678.09	625 894 772.24	196.49	145 524.42	9 126 951.94
13	722 211.10	23 652 210.31	601 502 094.15	195.88	145 327.92	8 981 427.53
14	704 400.32	22 929 999.21	577 849 883.84	200.67	145 132.04	8 836 099.61
15	687 019.15	22 225 598.90	554 919 884.63	211.80	144 931.37	8 690 967.56
16	670 050.79	21 538 579.74	532 694 285.73	229.45	144 719.57	8 546 036.19
17	653 478.63	20 868 528.96	511 155 705.99	252.47	144 490.12	8 401 316.62
18	637 287.66	20 215 050.33	490 287 177.03	277.30	144 237.65	8 256 826.50
19	621 466.76	19 577 762.66	470 072 126.70	301.34	143 960.36	8 112 588.84
20	606 007.70	18 956 295.90	450 494 364.04	319.26	143 659.02	7 968 628.48
21	590 907.76	18 350 288.20	431 538 068.14	331.48	143 339.76	7 824 969.46
22	576 163.89	17 759 380.44	413 187 779.94	337.83	143 008.27	7 681 629.71
23	561 773.29	17 183 216.54	395 428 399.51	341.45	142 670.44	7 538 621.43
24	547 730.05	16 621 443.25	378 245 182.96	343.60	142 329.00	7 395 950.99
25	534 027.18	16 073 713.20	361 623 739.71	343.86	141 985.40	7 253 621.99
26	520 658.27	15 539 686.02	345 550 026.51	343.38	141 641.53	7 111 636.60
27	507 615.90	15 019 027.76	330 010 340.48	343.20	141 298.15	6 969 995.06
28	494 891.83	14 511 411.85	314 991 312.73	343.77	140 954.96	6 828 696.91
29	482 477.53	14 016 520.02	300 479 900.88	345.50	140 611.19	6 687 741.95
30	470 364.28	13 534 042.49	286 463 380.86	348.30	140 265.69	6 547 130.76
31	458 543.69	13 063 678.21	272 929 338.36	352.52	139 917.39	6 406 865.08

续表1

x	D_x	N_x	S_x	C_x	M_x	R_x
32	447 007.17	12 605 134.52	259 865 660.16	357.61	139 564.87	6 266 947.69
33	435 746.95	12 158 127.35	247 260 525.63	363.48	139 207.26	6 127 382.82
34	424 755.50	11 722 380.40	235 102 398.28	370.06	138 843.79	5 988 175.56
35	414 025.56	11 297 624.89	223 380 017.89	378.08	138 473.73	5 849 331.77
36	403 549.30	10 883 599.34	212 082 392.99	387.80	138 095.65	5 710 858.04
37	393 318.83	10 480 050.04	201 198 793.66	400.23	137 707.85	5 572 762.39
38	383 325.46	10 086 731.21	190 718 743.62	415.49	137 307.63	5 435 054.54
39	373 560.57	9 703 405.75	180 632 012.41	433.33	136 892.14	5 297 746.91
40	364 016.01	9 329 845.18	170 928 606.66	452.80	136 458.81	5 160 854.77
41	354 684.77	8 965 829.17	161 598 761.48	472.68	136 006.01	5 024 395.96
42	345 561.24	8 611 144.40	152 632 932.31	492.55	135 533.33	4 888 389.95
43	336 640.36	8 265 583.16	144 021 787.92	512.35	135 040.78	4 752 856.62
44	327 917.27	7 928 942.79	135 756 204.76	532.67	134 528.43	4 617 815.85
45	319 386.63	7 601 025.52	127 827 261.96	555.58	133 995.76	4 483 287.42
46	311 041.13	7 281 638.89	120 226 236.44	582.03	133 440.18	4 349 291.66
47	302 872.74	6 970 597.76	112 944 597.55	607.22	132 858.16	4 215 851.48
48	294 878.37	6 667 725.03	105 973 999.79	643.84	132 250.93	4 082 993.32
49	287 042.38	6 372 846.65	99 306 274.76	684.98	131 607.09	3 950 742.39
50	279 356.36	6 085 804.28	92 933 428.11	726.60	130 922.11	3 819 135.30
51	271 816.19	5 806 447.92	86 847 623.83	763.74	130 195.51	3 688 213.19
52	264 422.79	5 534 631.72	81 041 175.91	795.85	129 431.77	3 558 017.68
53	257 177.61	5 270 208.93	75 506 544.19	827.99	128 635.93	3 428 585.90
54	250 077.00	5 013 031.32	70 236 335.26	864.90	127 807.94	3 299 949.98
55	243 112.66	4 762 954.33	65 223 303.94	910.31	126 943.04	3 172 142.04
56	236 272.77	4 519 841.67	60 460 349.61	969.76	126 032.73	3 045 199.00
57	229 540.27	4 283 568.90	55 940 507.94	1047.15	125 062.98	2 919 166.27
58	222 894.57	4 054 028.63	51 656 939.04	1147.09	124 015.82	2 794 103.29
59	216 311.03	3 831 134.06	47 602 910.41	1274.44	122 868.73	2 670 087.47
60	209 760.71	3 614 823.04	43 771 776.35	1430.26	121 594.29	2 547 218.73
61	203 214.33	3 405 062.33	40 156 953.31	1559.69	120 164.03	2 425 624.44
62	196 698.19	3 201 848.00	36 751 890.98	1674.33	118 604.34	2 305 460.41
63	190 226.34	3 005 149.81	33 550 042.99	1795.92	116 930.00	2 186 856.08
64	183 790.75	2 814 923.47	30 544 893.18	1924.15	115 134.08	2 069 926.08
65	177 383.89	2 631 132.72	27 729 969.71	2059.38	113 209.92	1 954 792.00
66	170 998.07	2 453 748.83	25 098 836.98	2206.96	111 150.54	1 841 582.07
67	164 620.43	2 282 750.75	22 645 088.16	2361.70	108 943.58	1 730 431.53
68	158 243.60	2 118 130.33	20 362 337.40	2523.25	106 581.88	1 621 487.95

续表2

x	D_x	N_x	S_x	C_x	M_x	R_x
69	151 860.74	1 959 886.73	18 244 207.08	2691.12	104 058.63	1 514 906.07
70	145 465.70	1 808 025.99	16 284 320.35	2864.47	101 367.51	1 410 847.44
71	139 053.29	1 662 560.28	14 476 294.36	3042.21	98 503.04	1 309 479.93
72	132 619.53	1 523 506.99	12 813 734.08	3223.11	95 460.83	1 210 976.89
73	126 161.80	1 390 887.46	11 290 227.09	3405.51	92 237.72	1 115 516.07
74	119 679.18	1 264 725.66	9 899 339.63	3578.35	88 832.21	1 023 278.35
75	113 181.82	1 145 046.48	8 634 613.97	3747.59	85 253.86	934 446.14
76	106 673.70	1 031 864.65	7 489 567.49	3910.71	81 506.27	849 192.28
77	100 161.20	925 190.95	6 457 702.84	4064.49	77 595.56	767 686.00
78	93 653.75	825 029.75	5 532 511.89	4205.56	73 531.07	690 090.44
79	87 163.95	731 376.01	4 707 482.13	4330.14	69 325.52	616 559.37
80	80 707.87	644 212.05	3 976 106.13	4433.97	64 995.38	547 233.85
81	74 305.41	563 504.18	3 331 894.08	4512.91	60 561.41	482 238.47
82	67 980.17	489 198.77	2 768 389.89	4562.36	56 048.50	421 677.07
83	61 759.76	421 218.60	2 279 191.12	4578.24	51 486.13	365 628.57
84	55 675.18	359 458.84	1 857 972.53	4556.29	46 907.90	314 142.44
85	49 760.96	303 783.66	1 498 513.69	4493.24	42 351.60	267 234.54
86	44 054.03	254 022.70	1 194 730.03	4386.45	37 858.36	224 882.94
87	38 593.09	209 968.67	940 707.33	4234.47	33 471.91	187 024.59
88	33 417.33	171 375.57	730 738.66	4037.33	29 237.44	153 552.68
89	28 564.94	137 958.25	559 363.09	3796.93	25 200.10	124 315.24
90	24 071.30	109 393.31	421 404.84	3517.06	21 403.17	99 115.14
91	19 967.13	85 322.01	312 011.53	3203.62	17 886.10	77 711.98
92	16 276.50	65 354.89	226 689.52	2864.54	14 682.48	59 825.87
93	13 014.98	49 078.39	161 334.63	2509.43	11 817.94	45 143.40
94	10 188.11	36 063.41	112 256.24	2149.22	9308.52	33 325.45
95	7790.40	25 875.30	76 192.83	1795.43	7159.29	24 016.94
96	5804.95	18 084.90	50 317.54	1459.26	5363.86	16 857.65
97	4204.11	12 279.95	32 232.63	1150.71	3904.60	11 493.79
98	2950.86	8075.84	19 952.68	877.74	2753.89	7589.19
99	2001.16	5124.97	11 876.85	645.52	1876.16	4835.29
100	1306.83	3123.82	6751.88	456.11	1230.64	2959.14
101	818.84	1816.99	3628.06	308.46	774.53	1728.50
102	490.41	998.15	1811.07	198.86	466.07	953.97
103	279.59	507.73	812.92	121.68	267.21	487.91
104	151.09	228.14	305.19	70.36	145.53	220.70
105	77.05	77.05	77.05	75.17	75.17	75.17

附录4 中国人寿保险业经验生命表（2000—2003）替换函数表

养老金业务表(男表 CL4)2.5%

x	D_x	N_x	S_x	C_x	M_x	R_x
0	1 000 000	35 533 016.25	1 028 912 061.51	560.98	133 341.07	10 437 600.12
1	975 048.78	34 533 016.25	993 379 045.26	443.29	132 780.09	10 304 259.05
2	950 823.81	33 557 967.47	958 846 029.01	342.30	132 336.80	10 171 478.96
3	927 290.69	32 607 143.66	925 288 061.54	262.36	131 994.50	10 039 142.16
4	904 411.49	31 679 852.97	892 680 917.88	204.71	131 732.15	9 907 147.65
5	882 147.97	30 775 441.48	861 001 064.91	167.82	131 527.44	9 775 415.50
6	860 464.34	29 893 293.51	830 225 623.43	146.91	131 359.62	9 643 888.06
7	839 330.50	29 032 829.17	800 332 329.92	134.29	131 212.71	9 512 528.44
8	818 724.73	28 193 498.68	771 299 500.75	126.20	131 078.42	9 381 315.73
9	798 629.63	27 374 773.95	743 106 002.07	118.43	130 952.22	9 250 237.31
10	779 032.43	26 576 144.32	715 731 228.12	111.72	130 833.78	9 119 285.10
11	759 919.91	25 797 111.89	689 155 083.80	106.02	130 722.06	8 988 451.31
12	741 279.26	25 037 191.98	663 357 971.91	103.42	130 616.04	8 857 729.25
13	723 095.86	24 295 912.72	638 320 779.93	103.70	130 512.62	8 727 113.21
14	705 355.67	23 572 816.86	614 024 867.20	107.35	130 408.92	8 596 600.59
15	688 044.53	22 867 461.19	590 452 050.34	112.10	130 301.57	8 466 191.67
16	671 150.85	22 179 416.66	567 584 589.16	118.52	130 189.47	8 335 890.10
17	654 662.80	21 508 265.81	545 405 172.49	125.18	130 070.95	8 205 700.63
18	638 570.23	20 853 603.01	523 896 906.68	132.70	129 945.77	8 075 629.68
19	622 862.65	20 215 032.78	503 043 303.67	139.76	129 813.07	7 945 683.91
20	607 531.11	19 592 170.13	482 828 270.90	145.81	129 673.31	7 815 870.84
21	592 567.48	18 984 639.01	463 236 100.77	150.89	129 527.50	7 686 197.53
22	577 963.72	18 392 071.54	444 251 461.76	154.50	129 376.61	7 556 670.03
23	563 712.55	17 814 107.81	425 859 390.22	156.74	129 222.11	7 427 293.42
24	549 806.72	17 250 395.27	408 045 282.41	157.16	129 065.37	7 298 071.31
25	536 239.64	16 700 588.55	390 794 887.14	157.47	128 908.21	7 169 005.93
26	523 003.15	16 164 348.91	374 094 298.59	157.16	128 750.74	7 040 097.73
27	510 089.82	15 641 345.76	357 929 949.68	157.26	128 593.58	6 911 346.99
28	497 491.35	15 131 255.94	342 288 603.92	157.74	128 436.32	6 782 753.41
29	485 199.67	14 633 764.60	327 157 347.97	159.52	128 278.58	6 654 317.09
30	473 206.01	14 148 564.93	312 523 583.38	162.04	128 119.06	6 526 038.50
31	461 502.35	13 675 358.92	298 375 018.45	164.79	127 957.01	6 397 919.45

续表1

x	D_x	N_x	S_x	C_x	M_x	R_x
32	450 081.41	13 213 856.57	284 699 659.53	168.62	127 792.22	6 269 962.43
33	438 935.20	12 763 775.16	271 485 802.96	172.15	127 623.61	6 142 170.21
34	428 057.31	12 324 839.96	258 722 027.80	175.82	127 451.46	6 014 546.60
35	417 441.07	11 896 782.65	246 397 187.84	179.60	127 275.64	5 887 095.14
36	407 079.98	11 479 341.57	234 500 405.20	184.28	127 096.04	5 759 819.50
37	396 966.92	11 072 261.59	223 021 063.62	190.93	126 911.76	5 632 723.46
38	387 093.87	10 675 294.67	211 948 802.03	199.40	126 720.83	5 505 811.69
39	377 453.16	10 288 200.80	201 273 507.36	209.53	126 521.43	5 379 090.86
40	368 037.45	9 910 747.64	190 985 306.56	220.82	126 311.90	5 252 569.43
41	358 840.11	9 542 710.19	181 074 558.93	232.46	126 091.08	5 126 257.53
42	349 855.45	9 183 870.08	171 531 848.74	243.70	125 858.62	5 000 166.45
43	341 078.69	8 834 014.63	162 347 978.66	253.90	125 614.91	4 874 307.84
44	332 505.80	8 492 935.95	153 513 964.03	264.38	125 361.02	4 748 692.92
45	324 131.52	8 160 430.15	145 021 028.08	276.07	125 096.64	4 623 331.90
46	315 949.81	7 836 298.63	136 860 597.93	290.37	124 820.57	4 498 235.27
47	307 953.35	7 520 348.83	129 024 299.30	304.65	124 530.20	4 373 414.70
48	300 137.64	7 212 395.48	121 503 950.47	328.83	124 225.56	4 248 884.49
49	292 488.38	6 912 257.84	114 291 554.99	356.98	123 896.72	4 124 658.94
50	284 997.54	6 619 769.46	107 379 297.16	387.32	123 539.74	4 000 762.21
51	277 659.06	6 334 771.93	100 759 527.69	419.33	123 152.43	3 877 222.47
52	270 467.55	6 057 112.87	94 424 755.77	452.27	122 733.09	3 754 070.04
53	263 418.51	5 786 645.31	88 367 642.90	486.49	122 280.82	3 631 336.95
54	256 507.18	5 523 226.81	82 580 997.59	523.78	121 794.33	3 509 056.13
55	249 727.13	5 266 719.63	77 057 770.78	564.75	121 270.55	3 387 261.80
56	243 071.48	5 016 992.50	71 791 051.15	618.23	120 705.81	3 265 991.25
57	236 524.67	4 773 921.02	66 774 058.66	687.42	120 087.57	3 145 285.44
58	230 068.36	4 537 396.35	62 000 137.63	765.40	119 400.15	3 025 197.87
59	223 691.53	4 307 327.99	57 462 741.28	832.79	118 634.75	2 905 797.72
60	217 402.86	4 083 636.46	53 155 413.29	906.09	117 801.97	2 787 162.97
61	211 194.25	3 866 233.60	49 071 776.83	985.09	116 895.87	2 669 361.00
62	205 058.08	3 655 039.35	45 205 543.22	1070.50	115 910.78	2 552 465.12
63	198 986.16	3 449 981.27	41 550 503.88	1162.47	114 840.28	2 436 554.34
64	192 970.37	3 250 995.10	38 100 522.61	1261.56	113 677.81	2 321 714.06
65	187 002.22	3 058 024.73	34 849 527.51	1368.13	112 416.26	2 208 036.25
66	181 073.07	2 871 022.50	31 791 502.78	1485.33	111 048.13	2 095 620.00
67	175 171.32	2 689 949.44	28 920 480.27	1612.94	109 562.80	1 984 571.87
68	169 285.91	2 514 778.11	26 230 530.84	1749.34	107 949.86	1 875 009.07

续表2

x	D_x	N_x	S_x	C_x	M_x	R_x
69	163 407. 64	2 345 492. 21	23 715 752. 72	1894. 89	106 200. 51	1 767 059. 21
70	157 527. 20	2 182 084. 57	21 370 260. 52	2049. 70	104 305. 62	1 660 858. 70
71	151 635. 37	2 024 557. 37	19 188 175. 95	2213. 73	102 255. 92	1 556 553. 08
72	145 723. 22	1 872 921. 99	17 163 618. 58	2386. 59	100 042. 20	1 454 297. 15
73	139 782. 40	1 727 198. 77	15 290 696. 59	2567. 77	97 655. 61	1 354 254. 95
74	133 805. 31	1 587 416. 37	13 563 497. 81	2756. 65	95 087. 84	1 256 599. 35
75	127 785. 11	1 453 611. 06	11 976 081. 44	2954. 89	92 331. 19	1 161 511. 51
76	121 713. 51	1 325 825. 95	10 522 470. 38	3145. 67	89 376. 30	1 069 180. 33
77	115 599. 22	1 204 112. 43	9 196 644. 44	3338. 51	86 230. 62	979 804. 03
78	109 441. 22	1 088 513. 21	7 992 532. 01	3530. 95	82 892. 12	893 573. 41
79	103 240. 98	979 071. 99	6 904 018. 80	3720. 20	79 361. 17	810 681. 29
80	97 002. 70	875 831. 01	5 924 946. 81	3902. 92	75 640. 97	731 320. 11
81	90 733. 87	778 828. 31	5 049 115. 80	4074. 88	71 738. 06	655 679. 14
82	84 445. 97	688 094. 44	4 270 287. 49	4231. 77	67 663. 18	583 941. 09
83	78 154. 54	603 648. 47	3 582 193. 05	4368. 34	63 431. 40	516 277. 91
84	71 879. 99	525 493. 94	2 978 544. 57	4479. 14	59 063. 06	452 846. 51
85	65 647. 67	453 613. 95	2 453 050. 64	4558. 45	54 583. 92	393 783. 45
86	59 488. 07	387 966. 28	1 999 436. 68	4600. 43	50 025. 47	339 199. 53
87	53 436. 71	328 478. 21	1 611 470. 41	4599. 47	45 425. 04	289 174. 06
88	47 533. 91	275 041. 50	1 282 992. 20	4550. 69	40 825. 58	243 749. 01
89	41 823. 86	227 507. 60	1 007 950. 69	4450. 10	36 274. 89	202 923. 43
90	36 353. 66	185 683. 74	780 443. 09	4295. 30	31 824. 79	166 648. 55
91	31 171. 69	149 330. 08	594 759. 35	4085. 92	27 529. 49	134 823. 75
92	26 325. 48	118 158. 39	445 429. 27	3824. 15	23 443. 57	107 294. 26
93	21 859. 24	91 832. 92	327 270. 88	3514. 88	19 619. 41	83 850. 70
94	17 811. 21	69 973. 68	235 437. 96	3166. 07	16 104. 53	64 231. 29
95	14 210. 72	52 162. 47	165 464. 29	2788. 48	12 938. 46	48 126. 76
96	11 075. 64	37 951. 75	113 301. 82	2395. 22	10 149. 99	35 188. 29
97	8410. 28	26 876. 11	75 350. 06	2000. 99	7754. 76	25 038. 30
98	6204. 16	18 465. 83	48 473. 95	1620. 79	5753. 77	17 283. 54
99	4432. 05	12 261. 67	30 008. 12	1268. 58	4132. 99	11 529. 77
100	3055. 37	7829. 62	17 746. 45	955. 91	2864. 40	7396. 78
101	2024. 94	4774. 25	9916. 83	690. 68	1908. 49	4532. 37
102	1284. 87	2749. 31	5142. 58	476. 43	1217. 81	2623. 88
103	777. 10	1464. 45	2393. 27	312. 28	741. 38	1406. 07
104	445. 87	687. 35	928. 82	193. 52	429. 11	664. 69
105	241. 48	241. 48	241. 48	235. 59	235. 59	235. 59

附表5 2000年四川五普男子年龄别死亡概率

年龄	概率	年龄	概率	年龄	概率	年龄	概率
0	0.020 448 8	26	0.001 658 6	52	0.007 045 1	77	0.071 285 3
1	0.003 892 4	27	0.001 838 3	53	0.007 620 9	78	0.082 601 5
2	0.002 666 4	28	0.001 728 5	54	0.008 156 6	79	0.091 093
3	0.002 117 8	29	0.001 848 3	55	0.009 029 1	80	0.105 872 3
4	0.001 488 9	30	0.001 968 1	56	0.009 504 6	81	0.111 862 7
5	0.001 209 3	31	0.001 948 1	57	0.010 979 4	82	0.115 607 5
6	0.001 059 4	32	0.002 127 7	58	0.011 720 9	83	0.127 033 9
7	0.000 989 5	33	0.002 107 8	59	0.013 537 7	84	0.130 919 7
8	0.000 959 5	34	0.002 257 4	60	0.016 325 6	85	0.137 611 9
9	0.000 879 6	35	0.002 357 2	61	0.016 601	86	0.143 162 2
10	0.000 819 7	36	0.002 476 9	62	0.018 124 3	87	0.165 280 7
11	0.000 779 7	37	0.002 816	63	0.020 096	88	0.168 322
12	0.000 679 8	38	0.003 065 3	64	0.022 494 1	89	0.185 447 3
13	0.000 709 7	39	0.003 095 2	65	0.025 208 2	90	0.195 230 9
14	0.000 749 7	40	0.003 464	66	0.026 143 7	91	0.206 463
15	0.000 769 7	41	0.003 474	67	0.028 993 5	92	0.215 233 9
16	0.000 929 6	42	0.003 683 2	68	0.033 160 9	93	0.232 879 9
17	0.000 999 5	43	0.003 563 6	69	0.037 532 2	94	0.218 723
18	0.001 199 3	44	0.003 902 4	70	0.043 713 2	95	0.232 926 8
19	0.001 439	45	0.004 290 8	71	0.045 500 7	96	0.183 288 1
20	0.001 638 7	46	0.004 440 1	72	0.050 625 3	97	0.200 969 7
21	0.001 538 8	47	0.004 748 7	73	0.053 253 3	98	0.215 225 9
22	0.001 598 7	48	0.005 027 3	74	0.057 526 4	99	0.212 074 8
23	0.001 538 8	49	0.005 385 5	75	0.062 391	100	0.288 228 1
24	0.001 648 6	50	0.006 469	76	0.066 820 4	101	1
25	0.001 718 5	51	0.006 439 2				

附表6 2000年四川五普女子年龄别死亡概率

年龄	概率	年龄	概率	年龄	概率	年龄	概率
0	0.021 398 6	26	0.001 059 4	52	0.004 619 3	77	0.053 793 2
1	0.003 772 9	27	0.001 089 4	53	0.005 126 8	78	0.061 771 3
2	0.002 516 8	28	0.001 129 4	54	0.005 892 6	79	0.067 912 9
3	0.001 928 1	29	0.001 209 3	55	0.006 270 3	80	0.078 696 6
4	0.001 359 1	30	0.001 249 2	56	0.006 459 1	81	0.084 254 5
5	0.001 019 5	31	0.001 269 2	57	0.007 739 9	82	0.090 947 3
6	0.000 799 7	32	0.001 289 2	58	0.008 126 8	83	0.099 6
7	0.000 689 8	33	0.001 279 2	59	0.008 781 3	84	0.104 472
8	0.000 579 8	34	0.001 448 9	60	0.010 751 9	85	0.110 221 3
9	0.000 469 9	35	0.001 478 9	61	0.011 463 9	86	0.117 399
10	0.000 549 8	36	0.001 518 8	62	0.012 155 7	87	0.131 417 4
11	0.000 459 9	37	0.001 558 8	63	0.013 695 6	88	0.139 647 4
12	0.000 479 9	38	0.001 618 7	64	0.015 754 9	89	0.155 866 2
13	0.000 519 9	39	0.001 838 3	65	0.017 171 3	90	0.164 826 1
14	0.000 499 9	40	0.001 888 2	66	0.017 367 9	91	0.185 192 1
15	0.000 639 8	41	0.001 988	67	0.020 674 1	92	0.191 215 6
16	0.000 689 8	42	0.002 147 7	68	0.023 461 5	93	0.199 195 9
17	0.000 729 7	43	0.002 257 4	69	0.026 221 6	94	0.197 743 6
18	0.000 849 6	44	0.002 486 9	70	0.030 585	95	0.200 500 3
19	0.000 809 7	45	0.002 776 1	71	0.031 689 8	96	0.206 575 6
20	0.001 079 4	46	0.002 756 2	72	0.036 048 3	97	0.216 817 2
21	0.001 029 5	47	0.003 184 9	73	0.038 542 6	98	0.209 225 2
22	0.000 989 5	48	0.003 364 3	74	0.039 811 4	99	0.227 013 2
23	0.001 049 4	49	0.003 713 1	75	0.047 418 4	100	0.308 768 2
24	0.001 009 5	50	0.004 300 7	76	0.049 522 6	101	1
25	0.001 059 4	51	0.004 280 8				

图书在版编目(CIP)数据

保险精算基础教程/李恒琦主编．—成都:西南财经大学出版社,2012.6(2013.5 重印)

ISBN 978-7-5504-0666-7

Ⅰ.①保… Ⅱ.①李… Ⅲ.①保险—计算方法—教材
Ⅳ.①F840.4

中国版本图书馆 CIP 数据核字(2012)第 134135 号

保险精算基础教程

李恒琦 编著

责任编辑:李 雪
助理编辑:夏 鹏
封面设计:杨红鹰
责任印制:封俊川

出版发行	西南财经大学出版社(四川省成都市光华村街 55 号)
网　　址	http://www.bookcj.com
电子邮件	bookcj@foxmail.com
邮政编码	610074
电　　话	028-87353785　87352368
照　　排	四川胜翔数码印务设计有限公司
印　　刷	四川森林印务有限责任公司
成品尺寸	185mm×260mm
印　　张	9.25
字　　数	210 千字
版　　次	2012 年 6 月第 1 版
印　　次	2013 年 5 月第 2 次印刷
印　　数	2001—5000 册
书　　号	ISBN 978-7-5504-0666-7
定　　价	19.80 元